『一瞬で若返る』

美容整体のプロが教える

魔法のセルフマッサージ

美容整体師 内山 友吾

マイナビ

はじめに

最近、目の下のたるみが気になってきた、ほうれい線が濃くなってきた、太ったわけじゃないのに二重あごに見える……。このような症状、年齢のせいだと諦めていませんか？

「美容整形をしなければ若返ることができない」と思い込んでいませんか？

実は、整体学や解剖学から考えた方法で骨や筋肉・筋膜にアプローチすることで「顔のたるみ」や「ほうれい線」といった悩みを一瞬で改善することができるのです。

しかも、自分の手で簡単に。

本書では老け顔に見えてしまう原因を部位ごとにまとめ、自宅で誰でも簡単にできる美容整体術をお伝えします。

美容整形しかない？と悩んでいた方も、騙されたと思って一回試してみてください。

そして鏡を見てみてください。きっとその即効性に驚くと思います。

僕は現在、東京の恵比寿で美容整体院を2店舗経営しています。

これまでは国家資格である「柔道整復師」の資格を活かし、病院や整形外科に10年以上勤務し、延べ3万人以上の患者さんの治療をしてきました。

しかし、医療機関での治療には技術的にも制約的にも限界があると感じました。そこで、「一人一人の症状に合わせたアプローチ法を考え、見えない部分の身体のクセや根本の原因まで追求する」というスタイルで美容整体師として独立することにしました。

解剖学や生理学、東洋医学の観点から考えたこの方法は業界でも高い評価を得られ、現在では「プロの整体師に技術を教える」講師を務めたり、全国で勉強会やセミナーなども行ったりしています。

本書で紹介している美容整体術は実際に僕がお客様に施術している内容です。
本来、料金をいただいてお客様に施術する内容を本書では余すことなくお伝えします。

本書のタイトルにはＱＲコードが付いています。
読み取っていただければ該当するYouTube動画を見ることができます。
本書では紹介しきれていない動画も見ることができますので、
ぜひYouTubeチャンネルもチェックしてみてください。

さぁ、皆さん。若返る準備はできましたか？
それでは、〝一瞬で若返る美容整体術〟をご自身の顔でお試しください。

恵比寿整体院プラスフィール 内山 友吾（うちやま先生。）

\ YouTubeチャンネル /

美容整体のうちやま先生。

2019年11月にYouTubeチャンネルを開設。
コンプレックス人生をリセットするセルフ美容整形術として、
誰でも簡単にできる、即効性の高いセルフマッサージや
ストレッチ、トレーニングを配信中。
男女問わず、10代から80代まで幅広い層に人気を誇っている。

自宅で簡単にできる
美容整体でお顔の悩みを
改善しましょう！

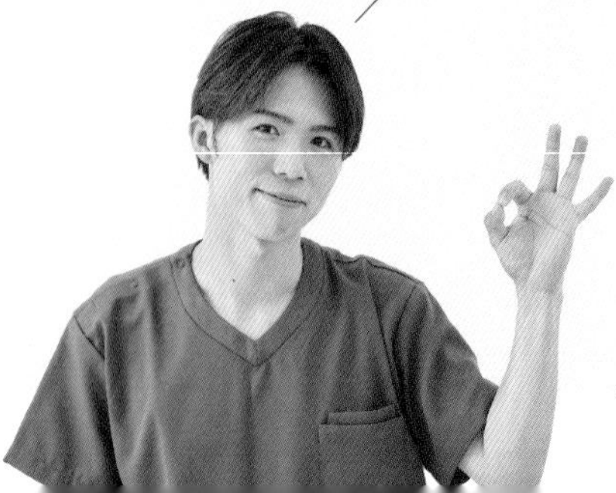

目次

第1章
老け見えナンバーワン！ 憎き「シワ」をなかったことにするケア

第2章 たった一回で若返る! 「たるみ」を消して引き上げるケア

第4章 こんな悩みも自分で解消して若返り！

注意事項
- 本書の情報はすべて2022年12月現在のものです。
- タイトルのQRコードで該当のYouTubeページに飛べるようになっています。YouTubeのタイトルと本のタイトルは分かりやすくするために異なっています。
- 動画と掲載した内容は異なることがあります。
- 本書に記載している内容の効果は100%保証するものではございません。

美容医療の前に！　自分で老いを食い止める！

うちやま式『美容整体術』でこんなにキレイになりました！

フェイスラインがもたつきたるんでしまう、
口角が下がってしまう、顔がゆがんで左右差が出てきたなどの、
加齢により生じるお悩みを解決するべくうちやま式『美容整体術』に挑戦。
たった1回行っただけで左右差が整い、フェイスラインが引き上がりました。

フェイスライン

After

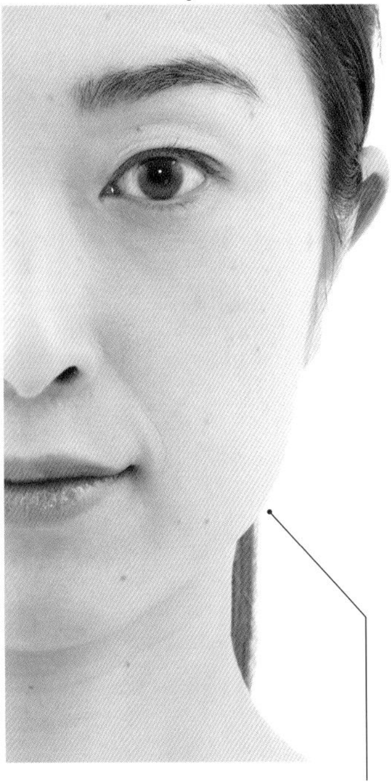

簡単にできるマッサージを組み合わせて行うだけで、フェイスラインがキュッと引き上がってシャープになりました。肌の色も明るくなっています。

Before

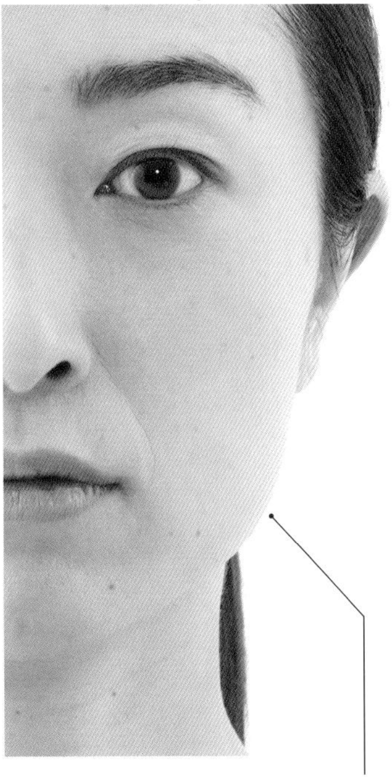

フェイスラインがたるんでもたついています。肌の色も暗めです。

口元

After

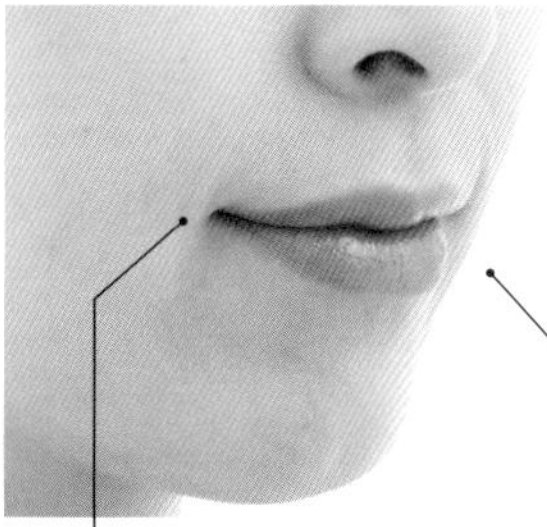

口角が上がりやすくなりました。

口元の肉が落ちてスッキリした印象に。

Before

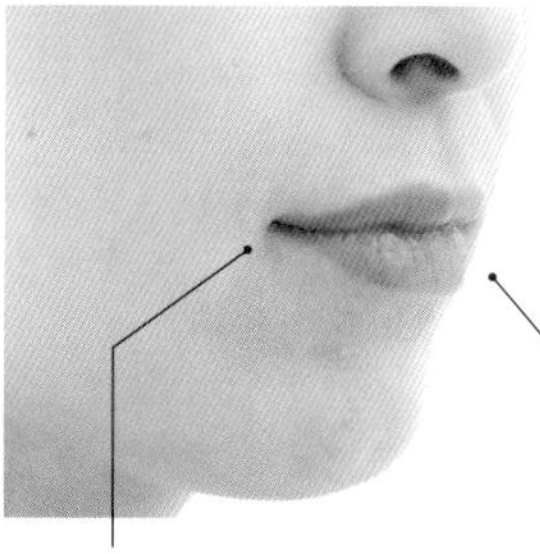

口角が少し下がり気味。

口元に肉がついて、口が前に出ているように見えます。

目元まわり

After

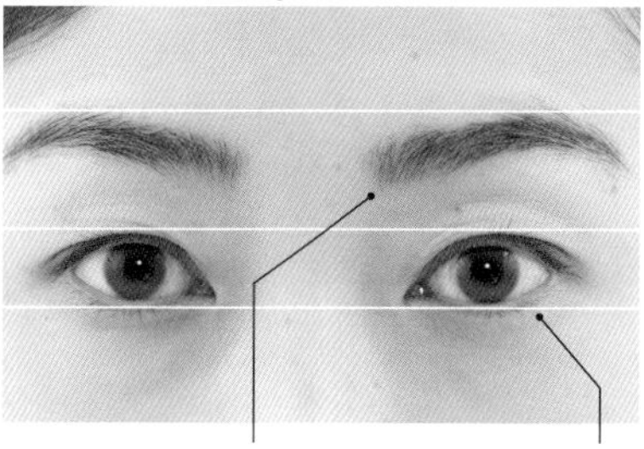

左右の眉の高さが揃って平行になっています。

左目の位置が上がり、大きさも左右揃っています。

Before

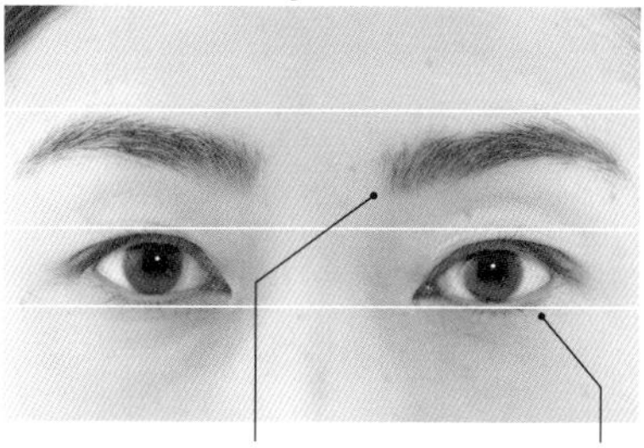

右眉に比べて左眉が下がっています。

左目の位置が下がって小さく見えます。

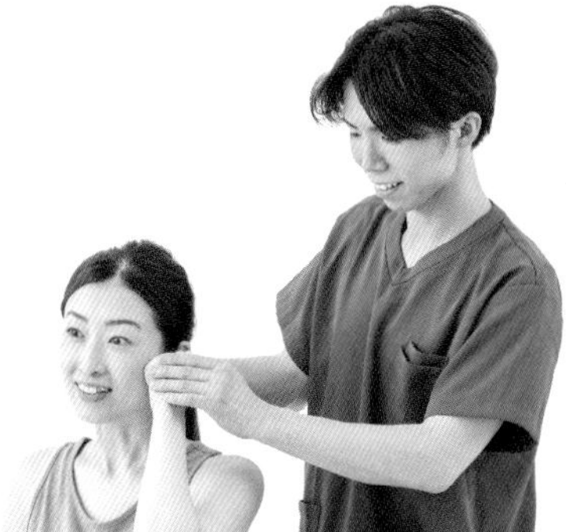

うちやま式『美容整体術』
を試してみたら
とっても簡単でした!!

簡単な動作を組み合わせて行うので、とってもラクにできました！ たった1回で気になっていたフェイスラインがシュッとして、目の左右差も揃ってびっくりです。

若見えを叶えるために
ほぐすべき筋肉・筋膜

顔のシワは筋肉のコリ・筋膜の硬さが引き金となって
顔を歪ませ、結果的にシワとなってあらわれます。
頭・顔・首のトータルケアが必要です。

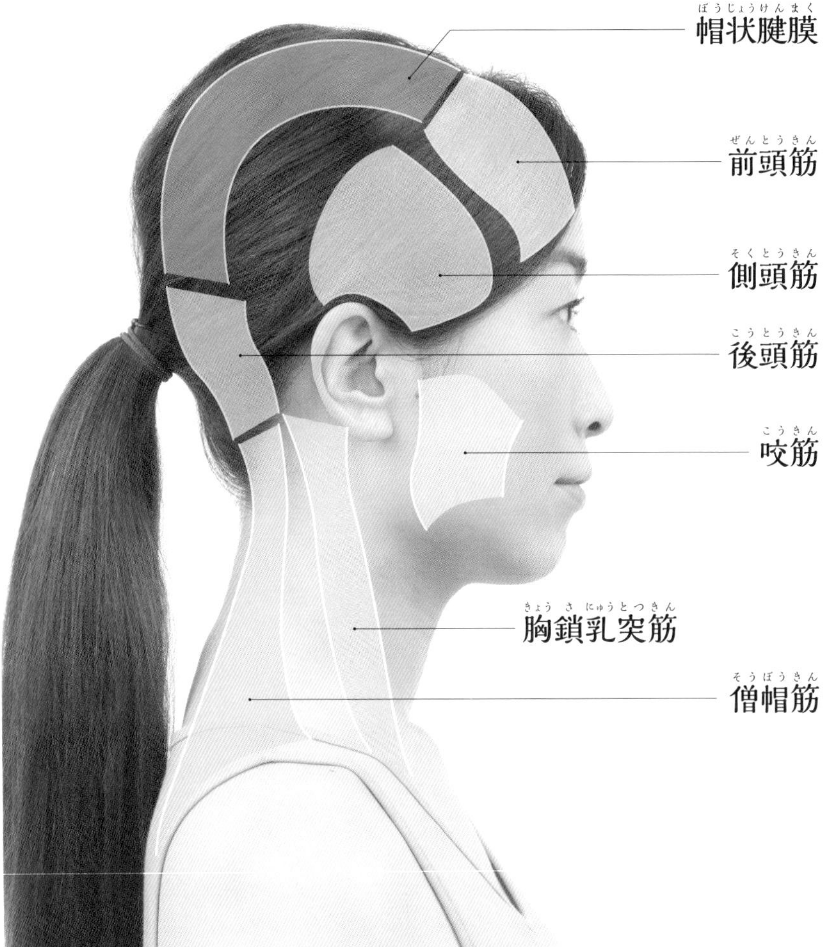

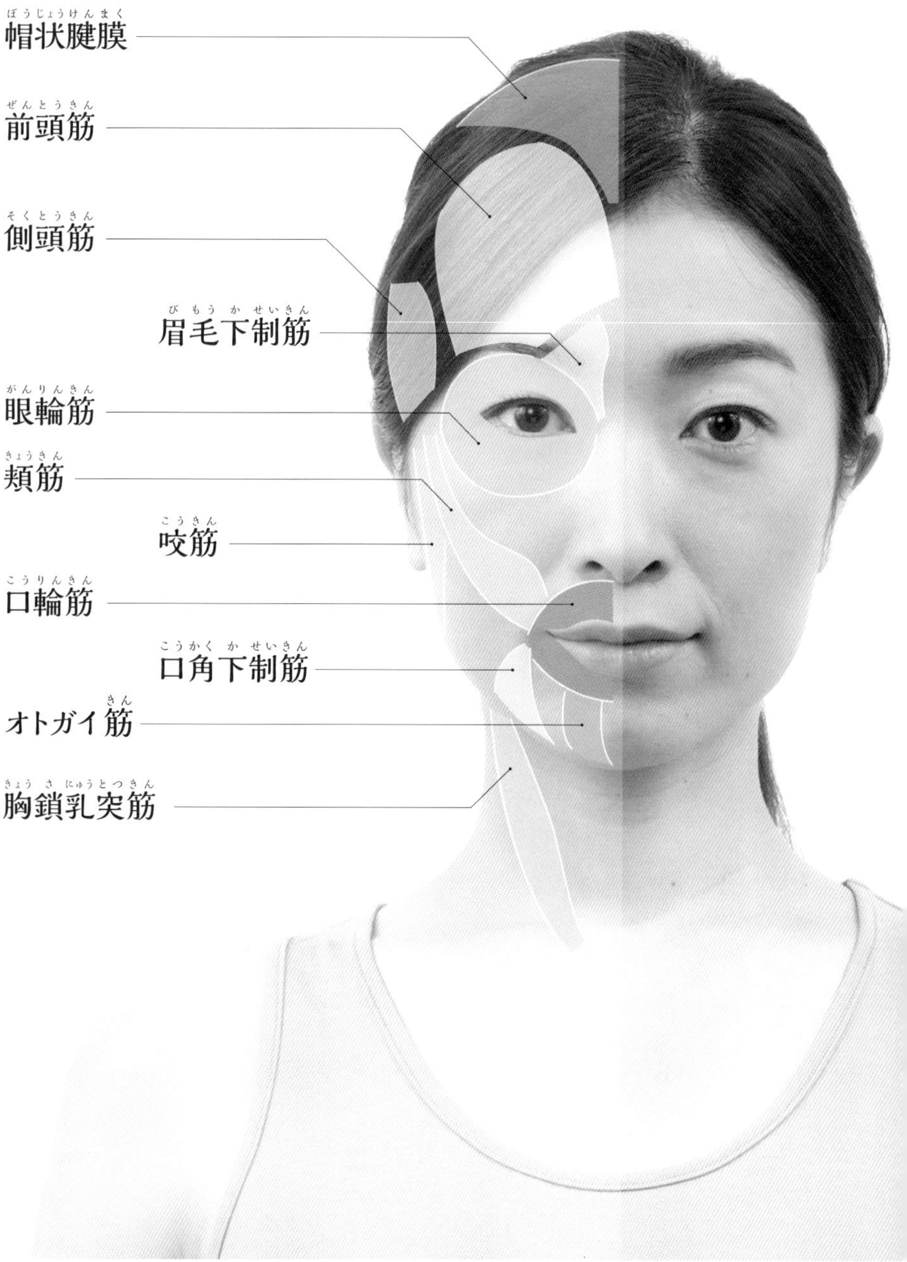
帽状腱膜《ぼうじょうけんまく》
前頭筋《ぜんとうきん》
側頭筋《そくとうきん》
眉毛下制筋《びもうかせいきん》
眼輪筋《がんりんきん》
頬筋《きょうきん》
咬筋《こうきん》
口輪筋《こうりんきん》
口角下制筋《こうかくかせいきん》
オトガイ筋《きん》
胸鎖乳突筋《きょうさにゅうとつきん》

第1章

老け見えナンバーワン！ 憎き「シワ」をなかったことにするケア

年齢を重ねるうえで避けて通れないのがシワの悩み。ひと口にシワといっても、細かくたくさんできるシワや表情グセで生じるシワ、肌がたるんだ部分にあらわれるシワなど、原因や部位により多くの種類があります。

第1章では、顔や首にあらわれるシワに効果的なマッサージを部位別にご紹介します。

もう消えないと諦めていた
シワもスッキリ解消！

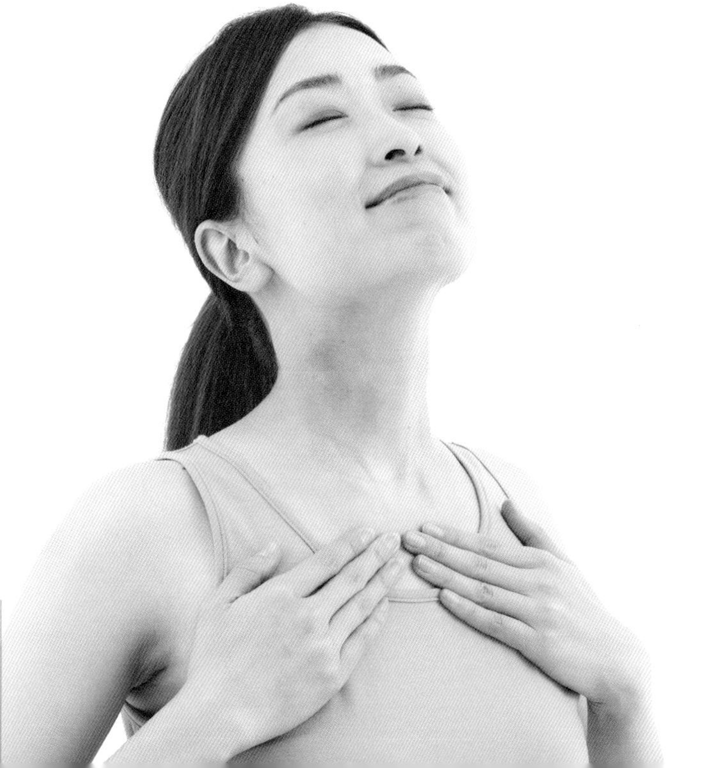

シワはこうして起こります

シワを放置するとこんな顔に……

おでこのシワ

おでこの横ジワは顔にできるシワの中でもとくに大きいので、実年齢よりも老けて見えてしまいます。

眉間のシワ

両眉の間に深いシワが入っています。不機嫌な印象をまわりに与えてしまうことも。

ちりめんジワ

肌の表面にできる細かいシワ。目元など皮膚の薄い部分にできやすく、織物のちりめんに似ているのでちりめんジワと呼ばれます。

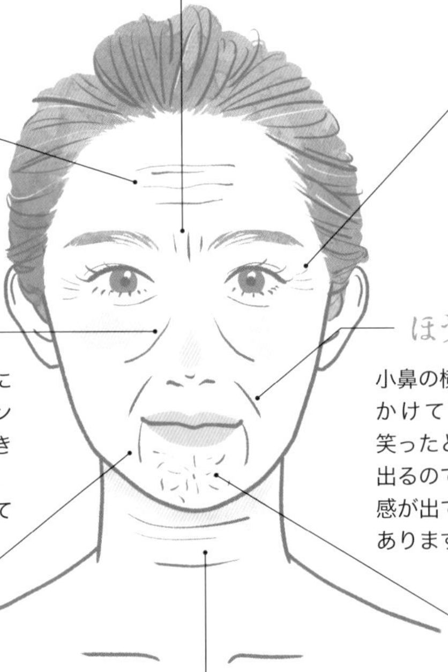

ゴルゴ線

目と鼻の間に斜め下に向かって伸びるラインのこと。目の下にできるので目立つうえに、常に疲れた顔に見えてしまいます。

ほうれい線

小鼻の横～口角の横にかけて伸びるシワ。笑ったときに濃く浮き出るので、笑顔に抵抗感が出てしまうこともあります。

マリオネットライン

口角の横～あごにかけて伸びるシワで、操り人形に似ているためマリオネットラインと呼ばれます。口角が下がって不機嫌そうな印象に。

首のシワ

気付いたときには深くくっきり入っていたなんてことが多く、メイクで隠すこともできないため年齢をより感じさせてしまいます。

梅干しジワ

下唇の下にできる梅干しのようなデコボコしたシワ。ポカンと口が開くクセのある人は、梅干しジワができやすいので要注意です。

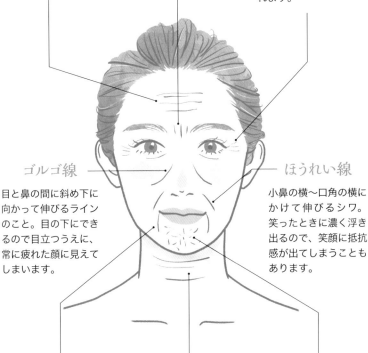

シワが生まれる主な原因

① 表情筋のこわばりや衰え

表情筋が衰えると肌を支える力が弱まり、たるみが生じてシワに。また、緊張によるおでこや眉間などの筋肉の動きで、皮膚が寄るのも要因。

② 肌のハリ不足

加齢や紫外線などの影響で肌のハリがなくなることで、たるんだ皮膚が寄ってしまい、シワが定着してしまいます。

③ 肌の乾燥

肌の水分が不足することで小ジワやちりめんジワが生じます。まだ小さいと思って放置すると、くっきり深いシワに進行することも。

④ 表情のクセ

おでこを寄せたり眉をひそめたりするなどのクセを日常的にくり返すと、クセの動きに合わせて肌が寄ってシワが定着します。

シワを放置すると実年齢よりグッと老けて見える

顔の悩みの中でもとくに悩む人が多いシワは、放置すると定着が進んで改善しにくくなってしまいます。

乾燥やハリ不足など様々な原因がありますが、とくに注意すべきなのが表情筋の衰えと緊張です。顔には30種類以上もの筋肉が張り巡らされており、目や口、鼻などを動かしています。この表情筋が衰えたり緊張したりすることで、筋肉の働きが悪くなり肌を支える機能が失われ、シワが生まれるのです。

しかし、表情筋の衰えや緊張はストレッチやマッサージで改善することができます。第1章では、「硬くなった筋肉を緩める」「顔を引き上げる」シワ消しケアで美顔を目指していきます。

＼ぐいぐい押すだけ！／

おでこのシワ解消

コリ固まった頭の筋肉をほぐす！おでこのシワ消しマッサージ

おでこのシワの原因は、おでこから後頭部に伸びる帽状腱膜の硬さ。
ほぐして頭皮が動くようにすることでおでこのシワを予防・改善できます。

始める前にCHECK!!

おでこにシワを寄せて
動きチェック

おでこにシワを寄せたときに、頭が動かずおでこしか動かないなら、帽状腱膜が硬くなっている証拠です。

30秒

1 前髪の生え際を縦・横に押す

両手の親指以外の4本の指の腹を前髪の生え際に押し当て、縦・横に15秒間ずつ小刻みに動かします。押す力は強めでかまいません。縦に動かすときは上方向に持ち上げるように意識してください。

30秒

2 頭頂部を縦・横に押す

頭頂部も同様に指の腹を押し当て、縦・横に15秒間ずつ小刻みに動かします。縦に動かすときは後ろに頭皮を引っ張るイメージで行うと、よりおでこのシワの改善効果が期待できます。

1日1回
1ヵ月

所要時間
2分

おすすめの
時間帯
夜

30秒

3 後頭部を縦・横に押す

後頭部にも同様に指の腹を押し当て、縦・横に15秒間ずつ小刻みに動かします。

Point

マッサージするときは指先ではなく指の腹を使って押しましょう。とくに、鏡で見えにくい後頭部は、指先で押しがちなので注意してください。

30秒

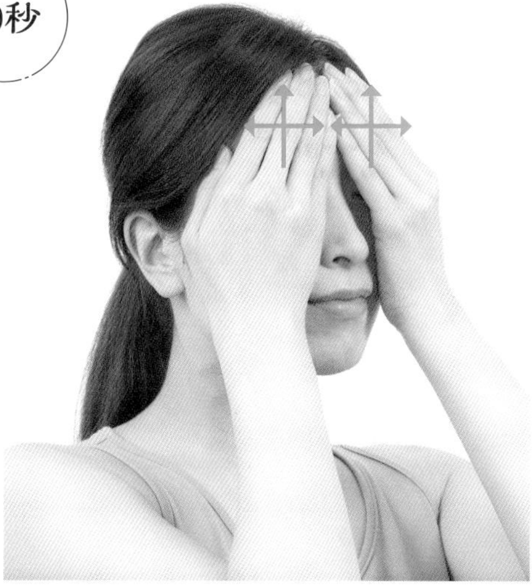

4 おでこを縦・横に押す

おでこを包み込むように両手の親指以外の４本の指を押し当て、縦・横に15秒間ずつ小刻みに動かします。指の腹全体でおでこを動かすイメージで行うとマッサージしやすいです。

せっかくほぐしたコリが
戻るので猫背にならない
ように注意！

＼ 美容医療は不要! ／

眉間の
シワ解消

たった1回でキレイな目元に!
眉間のシワ解消マッサージ

深く入った眉間のシワは、眉毛下制筋を緩めて筋肉の動きのクセを変えることで改善します。美容医療に頼る前にぜひ試してみてください!

1 目頭の横のくぼみを押さえて上下に軽く動かす

30秒

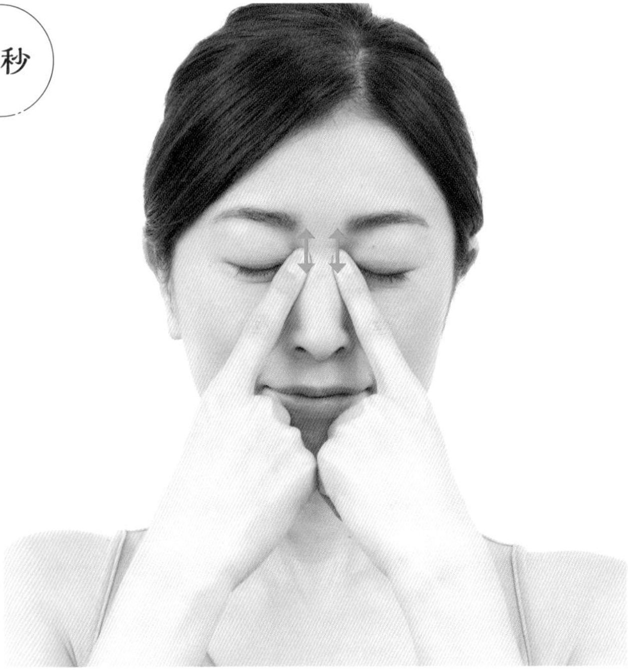

目頭の横のくぼみを人さし指で押さえ、上下に30秒間軽く動かします。強く押しすぎずに、自分が気持ち良いと感じる程度の強さで動かしましょう。

しっかりほぐすことで
眉間に力が入りにくく
なります!

1日1回
2週間

所要時間
2分

おすすめの
時間帯
夜

30秒

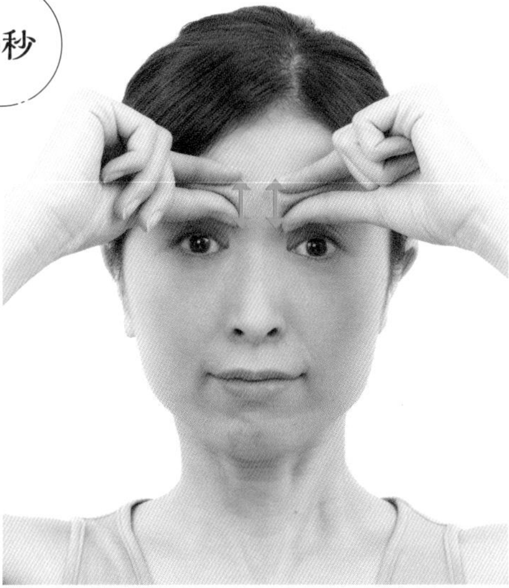

② 眉頭をつまんで上下に動かす

親指と人さし指で眉頭をつまみ、上下に30秒間軽く動かします。眉毛の奥までしっかりつまむように意識してください。

Point

ティッシュを挟むと滑りにくい

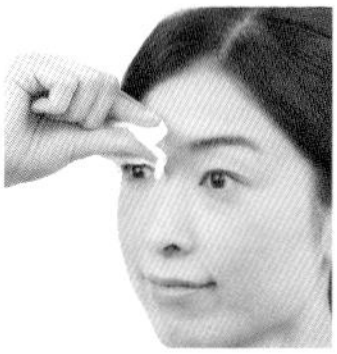

眉頭は滑りやすいので、ティッシュ1枚を1/4にカットして挟むと滑りにくくなります。

1分

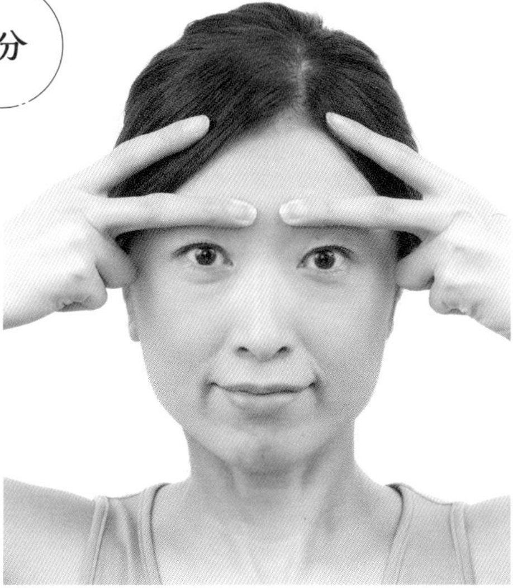

③ 眉毛を押さえて眉間に力を入れる

両手の中指を両眉に当て、眉間に力を入れます。このとき、眉間にシワが寄らないように中指で押さえます。眉毛を5秒押さえたら、もむようにマッサージします。これを1分間くり返してください。

ちりめんジワ
解消

＼肌に負担をかけない！／

持ち上げるだけで若返る ちりめんジワケア

皮膚が薄い目のまわりは、摩擦によるダメージを受けやすい部分です。
そこで、擦らずに圧迫するだけの、刺激を最小限に抑えたシワ消し術をご紹介！

30秒

1 眉毛の下のくぼみを圧迫する

左右の眉毛の下のくぼみに人さし指・中指・薬指の3本を当て、1～2㎜押し上げるように圧迫します。5秒圧迫して戻すのを30秒間くり返します。気持ち良く感じる程度の強さで押しましょう。

30秒

2 眉毛の下のくぼみの外側を圧迫する

左右の眉毛の下のくぼみの外側に指3本を当て、斜め上に1～2㎜押し上げるように圧迫します。5秒圧迫して戻すのを30秒間くり返します。

目元の皮膚は
薄いので力を入れすぎない
ようにしましょう

1日1回
1ヵ月

所要時間
3分30秒

おすすめの
時間帯
夜

30秒

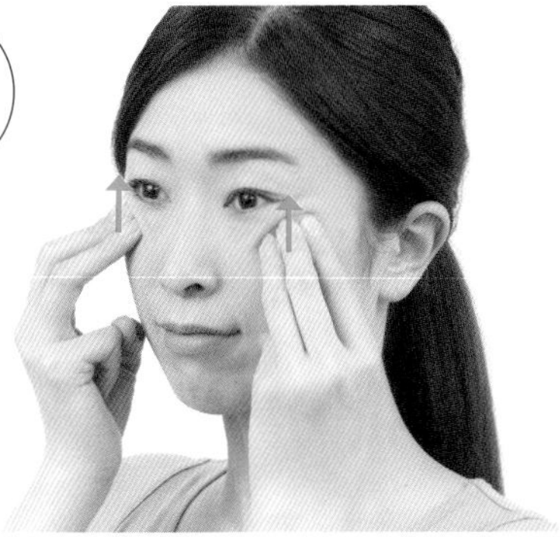

③ 目の下の骨部分を圧迫する

左右の目の下の骨に指3本を当てて、1～2㎜押し上げるように圧迫します。5秒圧迫して戻すのを30秒間くり返します。

これはNG

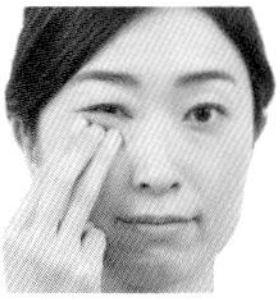

くぼみ部分を
圧迫する

目の下のくぼみの部分ではなく、目の下の骨の出ている部分を圧迫します。

1分

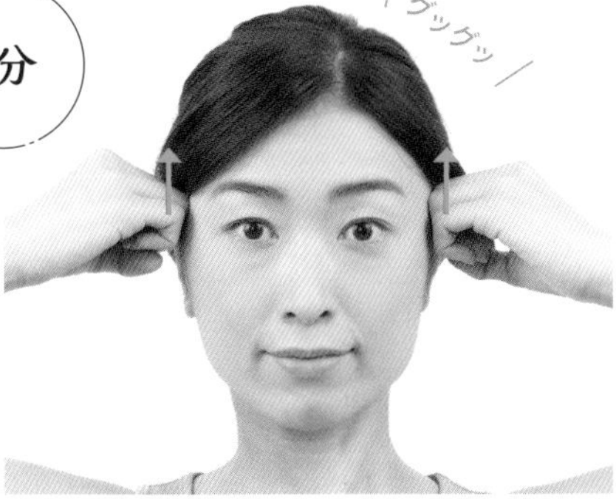

④ もみあげ～頭頂部を拳で持ち上げる

左右のもみあげに拳を押し当て、上方向に小刻みに動かします。拳を少しずつ上に移動し、もみあげ～頭頂部を1分間動かします。皮膚が厚い部分なので痛気持ち良いと感じる強さで動かしましょう。

1分

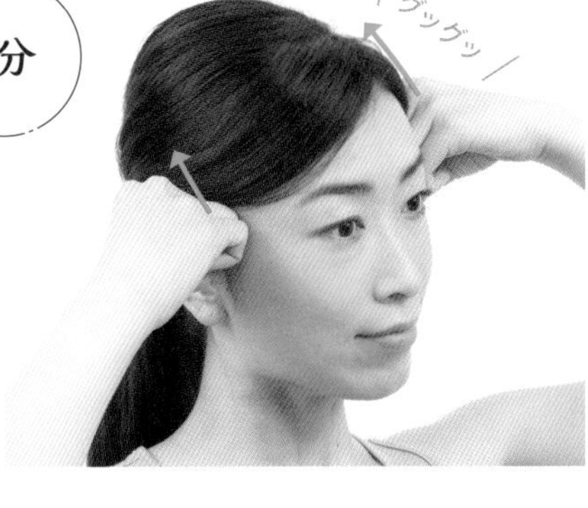

⑤ こめかみを斜め上に持ち上げる

拳を斜め上に
移動する

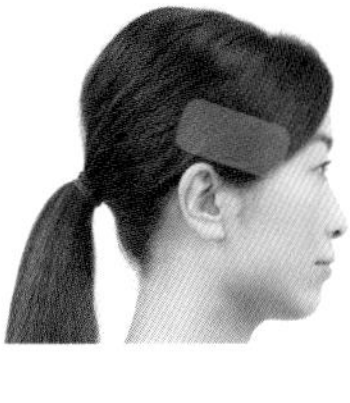

左右のこめかみに拳を押し当て、斜め上に小刻みに動かします。拳を少しずつ斜め上に移動し、こめかみ～耳の上を1分間動かします。

目尻のシワ解消

＼即効性バツグン！／

たった3分で目尻美人に！目尻のシワ解消マッサージ

目元のシワには様々な原因がありますが、目の周囲の筋膜のコリもそのひとつです。そこで、徹底的に目元を緩めてシワを消す方法をご紹介します！

① 耳の真上に指を当てて側頭部を持ち上げる

1分

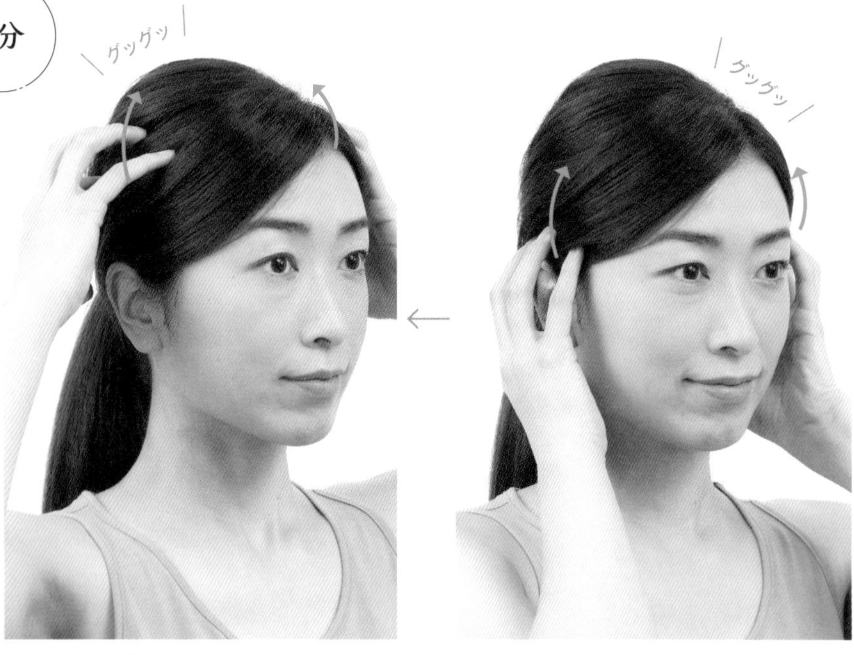

両耳の真上に親指以外の４本の指を押し当て、小刻みに動かすように持ち上げます。指を少しずつ上に移動させながら、側頭部全体を1分間行います。強めに押すとよりほぐれます。

側頭部のコリは
目尻のシワを深くするので
しっかりほぐすこと！

1日1回
2週間

所要時間
3分

おすすめの
時間帯
夜

1分

2 もみあげをつまみ持ち上げる

左右のもみあげを小指以外の４本の指でつまみ、斜め上に小刻みに動かすように持ち上げます。指を少しずつ上に移動させながら、もみあげ～眉の周辺を１分間行います。

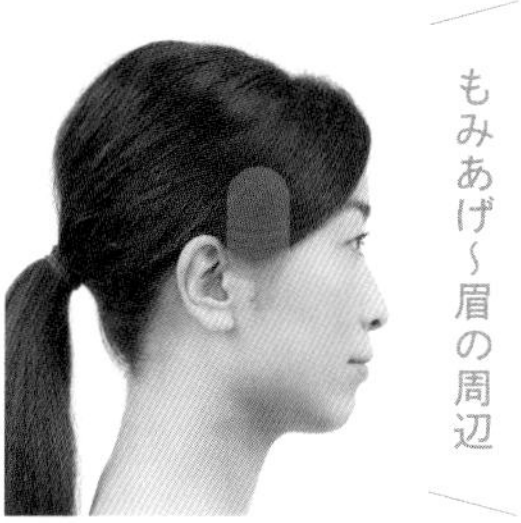

1分

3 指3本で眉尻を持ち上げる

左右の眉尻に、人さし指・中指・薬指の3本を押し当て、斜め上に小刻みに動かすように持ち上げます。指を少しずつ上に移動させながら、眉尻～生え際を１分間行います。

Point

生え際までしっかりと

硬くなった生え際も、斜め上に持ち上げてしっかりほぐしましょう。

ゴルゴ線
解消

\ 毎日たった2分で完了! /

筋肉を緩めて持ち上げる ゴルゴ線ケア

今回はゴルゴ線だけをほぐすのではなく、その上下の皮膚と筋肉の硬さも取ります。くっきり入ったラインを根本から解消しましょう。

1 ゴルゴ線の上下をつまんで上下に動かす

1分

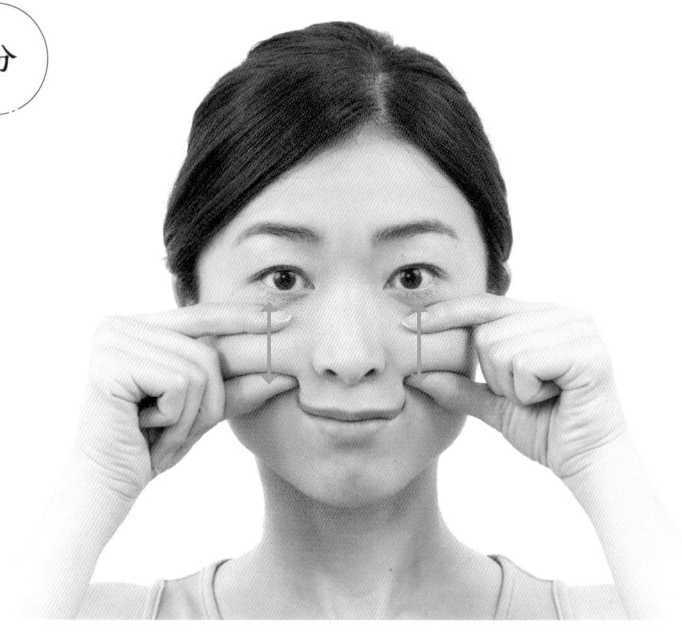

両手の親指と人さし指でゴルゴ線の上下をつまみ、上下に1分間動かします。つまむ位置を少しずつ移動し、ゴルゴ線全体をほぐしましょう。

\ ゴルゴ線全体をつまむ /

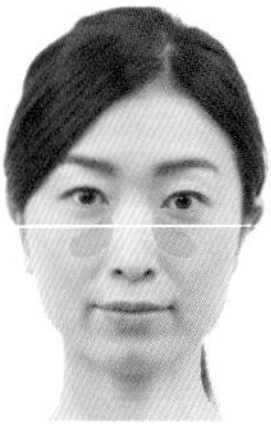

Point

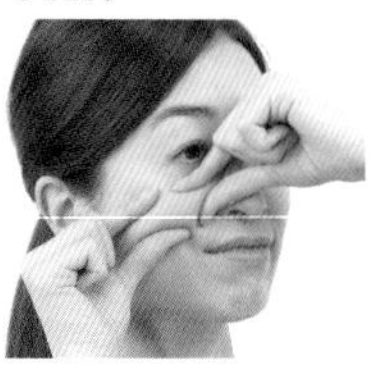

両手でつまんでもOK

ゴルゴ線が硬くてうまくつまめないなら、両手でつまんで上下に動かすと良いでしょう。

1日1回
1ヵ月

所要時間
2分

おすすめの
時間帯
夜

2 こめかみ〜もみあげをつまんで持ち上げる

1分

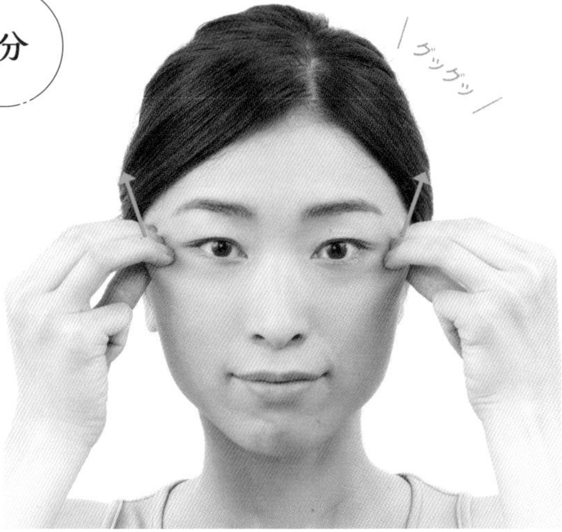

こめかみ〜
もみあげ

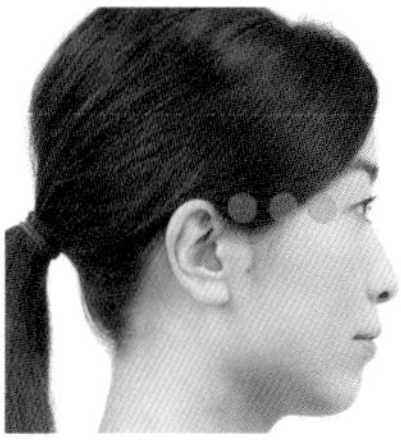

左右のこめかみを小指以外の４本の指でつまみ、斜め上に向かって小刻みに動かすように20秒間持ち上げます。

↓

手の位置を、こめかみともみあげの間に移動させて同様に20秒間行います。さらに、手の位置をもみあげに移動させてつまみ、同様に20秒間行いましょう。

ゴルゴ線が
少し動くくらいの強さで
持ち上げればOK！

＼成功者続出の神ワザ／

消す＆持続を両方叶える ほうれい線ケア

ほうれい線
解消

口の中からほうれい線をほぐし、頬を持ち上げるふたつの組み合わせで、まるで整形したかのような仕上がりを長時間キープできるケアです。

左右
各1分

1 ほうれい線をつまんでこねる

手袋をはめた左手の親指を口の中に入れます。ほうれい線の始点の上下を指の面でつまんでこねます。少しずつ指を移動し、右のほうれい線全体を1分間こねましょう。左のほうれい線も同様に行います。

手袋がなければ
手をよく洗ってから
行いましょう！

○

親指と人さし指の指先から腹までをピッタリ合わせることで、しっかりほうれい線をこねることができます。

×

指先だけ合わせるつまみ方だと、ほうれい線を十分にこねることができません。

1日1回
2週間

所要時間
7分

おすすめの
時間帯
夜

② ほうれい線を開いて伸ばす

左右
各1分

手袋をはめた左手の親指を口の中に入れます。左手でほうれい線の下をつまみ、右手の中指と薬指を上に当てて引き伸ばします。少しずつ指を移動し、ほうれい線全体を1分間伸ばします。左も同様に行います。

③ ほうれい線を持ち上げて揺らす

左右
各1分

手袋をはめた左手の親指を口に入れます。右のほうれい線の始点をつまみ、斜め上に持ち上げて左右に揺らします。ほうれい線全体を１分間揺らしましょう。左のほうれい線も同様に行います。

④ 頬を持ち上げて揺らす

1分

机に両ヒジをつき、両手のひらの付け根を頬骨の下のくぼみに当てます。軽く下を向いて持ち上げ、10秒揺らして休むのを１分間行います。

頬骨のくぼみに手を当てる

＼ 糸リフト級にリフトアップ！ ／

ほうれい線解消

ほうれい線&たるみが消える 側頭骨はがし

側頭骨に癒着した筋膜を徹底的にはがします。頬を引き上げる力を取り戻し、まるで糸リフトをしたかのようにほうれい線を改善できます！

1 側頭骨に両手を当て中央に寄せる

左右 各1分

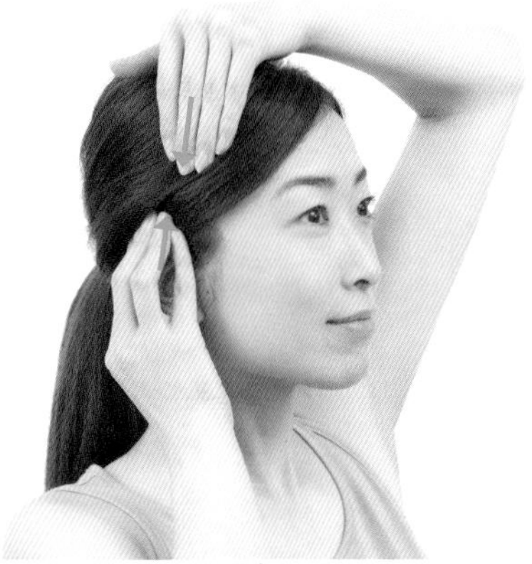

右耳の上の少し前に両手を当てます。左手は上から、右手は下から当てましょう。上下から力を加えて頭皮を寄せて戻すのを15秒間くり返します。

↓

手の位置を耳の上、耳の少し後ろ、耳の後ろと、移動させながら同様に15秒間ずつ行います。右の側頭骨全体を１分間かけて行うのが目安です。左の側頭骨も同様に行います。

寄せにくい人は側頭骨の筋膜が硬くなっています

1日1回
2週間

所要時間
3分

おすすめの
時間帯
夜

30秒

2 耳の上に指を当てて動かす

両手の親指以外の4本の指で耳を囲うように押し当て、小刻みに動かすように持ち上げます。少しずつ指を上に移動して側頭骨全体を30秒間行います。

3 耳の上～後頭部に向かって持ち上げる

30秒

両手の親指以外の指4本を耳の上に押し当て、指先を斜め後ろに向けます。押し当てたまま髪を横からかきあげるように後頭部に向かって持ち上げます。30秒間くり返します。

Point

ほうれい線を引き上げるように、指で圧を加えたまま頭の後ろまでしっかり持ち上げてください。

ほうれい線
解消

＼手を使わないからどこでもできる！／

肌への刺激ゼロの ほうれい線改善エクササイズ

舌で表情筋を刺激して硬さを取り、ほうれい線を解消するエクササイズです。
何かをしながらでもできるので、隙間時間に試してみてください！

左右
各30秒

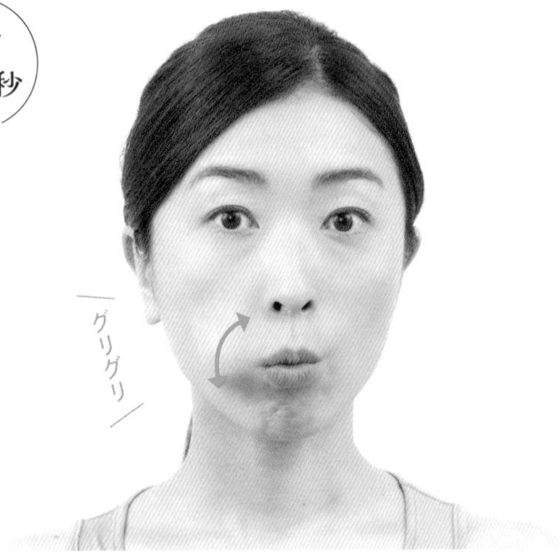

1 ほうれい線に沿って舌を上下に動かす

口の中からほうれい線を押すように、右のほうれい線に沿って舌を上下に30秒間動かします。左のほうれい線も同様に行います。

左右
各30秒

2 口角の横を舌で強く押す

右の口角の横を舌で30秒間押します。できるだけ強い力で押すように意識しながらくり返しましょう。左も同様に行います。

1日1回
2週間

所要時間
4分

隙間時間に
おすすめ

3 口を横に寄せて上下に動かす

左右
各30秒

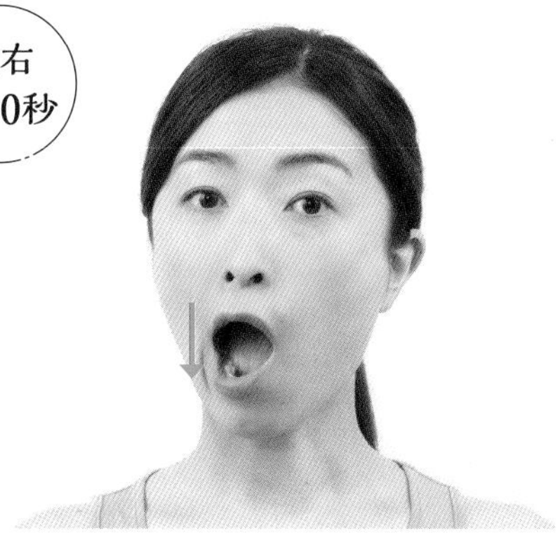

口を右に寄せたまま下に動かします。これを30秒間上下にくり返し動かします。左も同様に行いましょう。

口をできるだけ大きく右に寄せ、キープしたまま上に動かします。このとき、目は閉じないようにしましょう。

4 口を尖らせて上下に動かす

1分

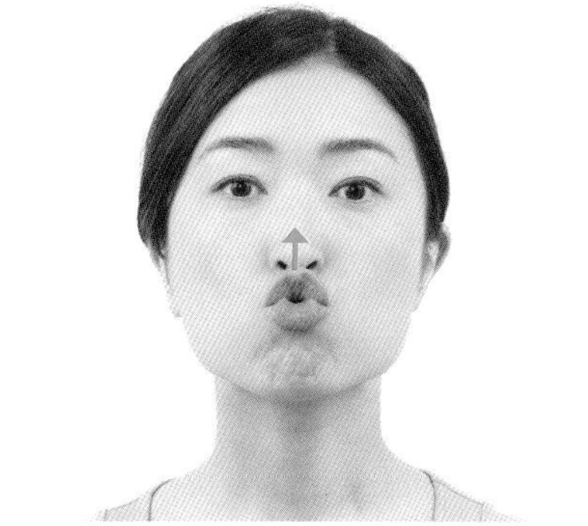

口を尖らせたまま下に動かします。このとき、口は「ア」の発音の形にします。これを1分間上下にくり返し動かします。

口を尖らせて上に動かします。このとき、口は「ウ」の発音の形にします。

＼ 目指せ口元美人！ ／

マリオネット
ライン解消

口元の老け見えを解消する マリオネットラインケア

操り人形のようなくっきり入ったマリオネットラインは、口角下制筋をほぐすマッサージと、定着させない予防マッサージを組み合わせて改善させます。

1 マリオネットラインに指を当てて縦・横に動かす

1分

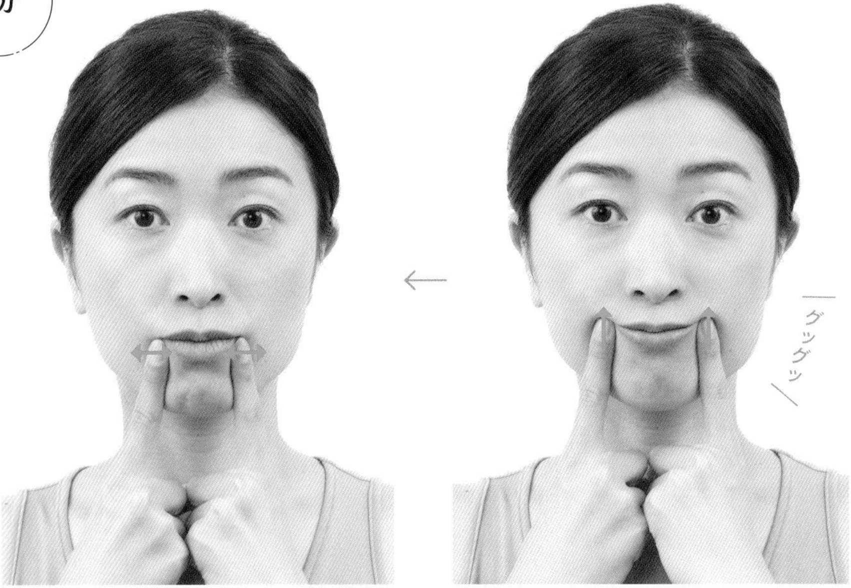

左右のマリオネットライン上に両手の人さし指を押し当て、縦・横に30秒間ずつ動かします。

口角下制筋を
しっかりとほぐして
いきましょう！

1日1回
1ヵ月

所要時間
2分30秒

おすすめの
時間帯
夜

2 あご先をつまみ縦・横に動かす

30秒

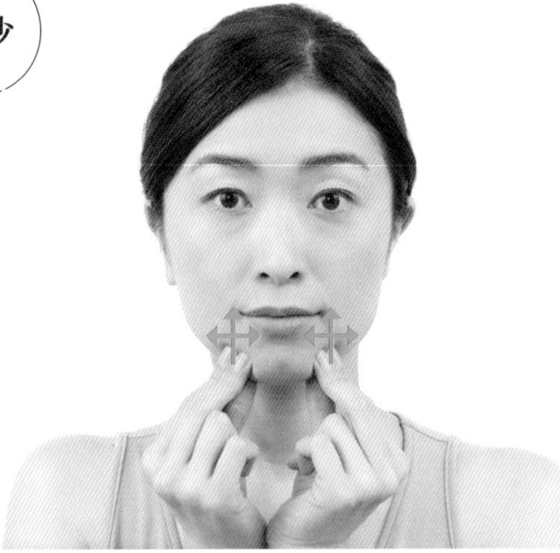

マリオネットラインのライン上のあご先を親指・人さし指・中指の3本でつまみ、縦・横に15秒間ずつ小刻みに動かします。

3 笑顔を作ってフェイスラインをつまんで持ち上げる

1分

持ち上げて戻す動きを、あご先～エラあたりまで、手を移動させながら１分間かけて行います。

笑顔を作って親指と人さし指の側面全体であご先をつまみます。耳の方向へ持ち上げて戻すのを、数回くり返します。

＼あごのデコボコにお悩みの方必見／

梅干しジワ解消

梅干しジワ解消 セルフマッサージ

梅干しのようなあごのシワは、オトガイ筋という筋肉が縮んで硬くなることが原因。デコボコを消すにはオトガイ筋を緩めることが一番なので、徹底的にほぐしましょう。

1 あごをつまんで上下に動かす

30秒

両手の親指・人さし指・中指の3本であごをつまみ、上下に30秒間動かします。強めにつまんで動かしましょう。

オトガイ筋は口元を下げるときによく働く筋肉です

1日1回
2週間

所要時間
1分30秒

おすすめの
時間帯
夜

2 指を上下に動かしてあご全体を緩める

1分

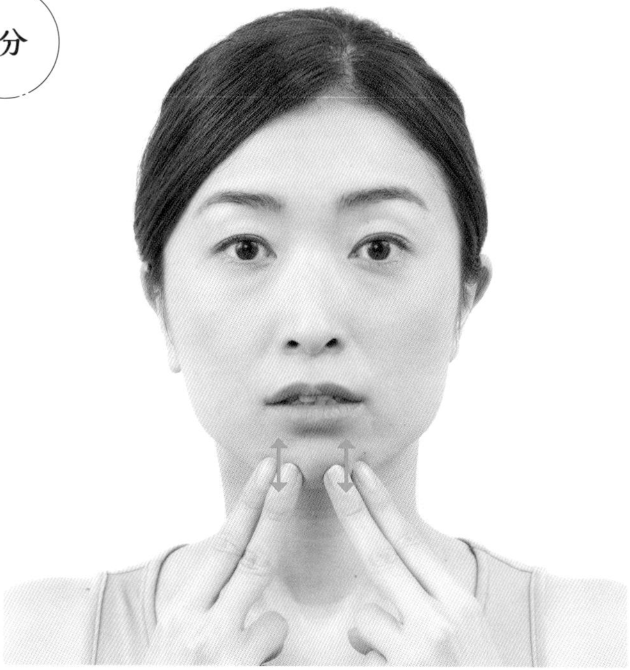

あご全体を
緩めましょう

あご先に両手の人さし指と中指を押し当て、上下に動かします。指の位置を少しずつ上に移動させながら唇の下まで行います。次に唇の下〜あご先まで行います。あご全体を1分間かけて行います。

これはNG

口に力が
入りすぎている

口に余計な力が入っていると、オトガイ筋が緊張してほぐせません。口に力を入れず、半開きの状態が良いでしょう。

＼スッキリキレイな首を手に入れる／

年齢があらわれる 首のシワ解消ストレッチ

首のシワ
解消

首と胸は繋がっているので、胸の前の筋膜が硬くなると首にシワがあらわれます。
胸の前の筋膜を緩めて首のシワを根本から解決しましょう。

始める前にCHECK!!

ゆっくり上を向いて首を伸ばす

上を向いたときに首の前側がつっぱるように感じるなら、首や胸の前の筋膜が硬くなっている証拠です。

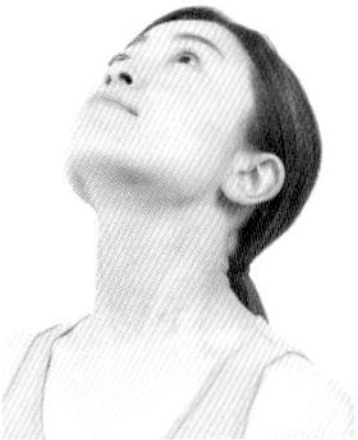

1 胸骨に拳を押し当て上下に動かす

30秒

みぞおちより少し上の胸骨に両拳を押し当て、上下に30秒間動かします。少し痛いと感じる強さで動かしましょう。

2 みぞおちに拳を押し当て左右に動かす

30秒

両拳をみぞおちに押し当て、左右に10秒間動かします。拳を胸の中央、鎖骨の下に移動し、それぞれ10秒間同様に行います。

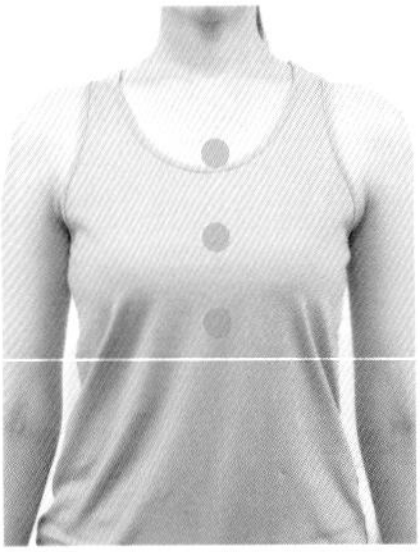

みぞおち・胸の中央・鎖骨の下をマッサージ

1日1回
2週間

所要時間
2分30秒

おすすめの
時間帯
夜

30秒

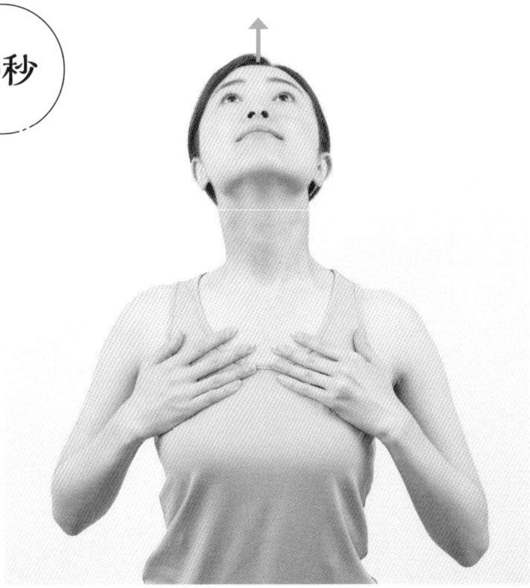

3 鎖骨の下を押さえて上を向く

両手で鎖骨の下を押さえ、上を向きます。5秒上を向いて戻すのを30秒間くり返しましょう。

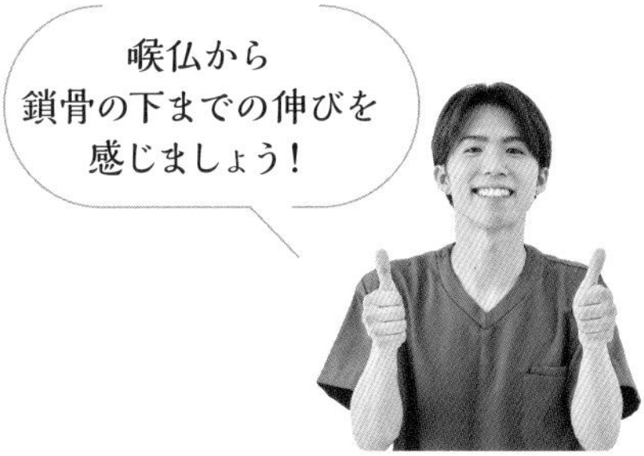
喉仏から
鎖骨の下までの伸びを
感じましょう！

4 上を向いて首のシワを上下に伸ばす

1分

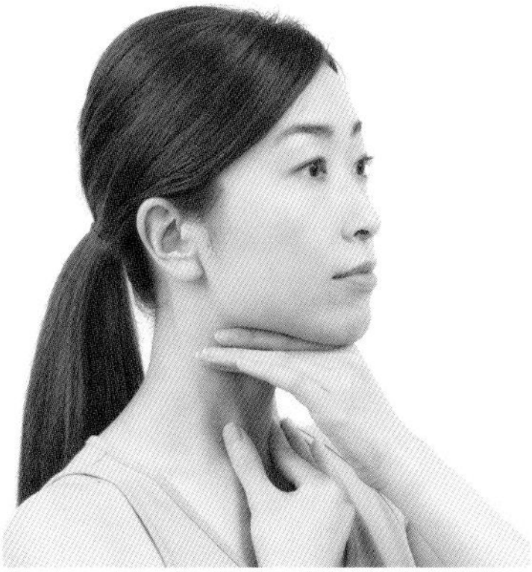

首のシワの上下をつまむイメージで、左手をあごの下、右手を鎖骨の上に当ててつまみます。

つまんだまま上を向き、上の手は上方向へ、下の手は下方向へ軽くひっぱります。5秒ひっぱって戻すのを1分間くり返します。

顔の
全シワ解消

＼かかとが硬い人は要注意!?／

顔の全シワ・たるみを予防するかかとマッサージ

かかとが硬いと歩行時の衝撃が顔に伝わってシワやたるみの原因になります。
かかとを柔らかくしてクッション作用を取り戻し、シワを予防しましょう。

始める前にCHECK!!

かかとをつまんで柔らかさを確認

硬くてつまみにくいなら、クッションの役割をする踵《しょう》骨《こつ》下《か》脂《し》肪《ぼう》体《たい》と距《きょ》骨《こつ》下《か》関《かん》節《せつ》が硬くなっている証拠。これでは歩行時の衝撃が顔に直接伝わってしまいます。

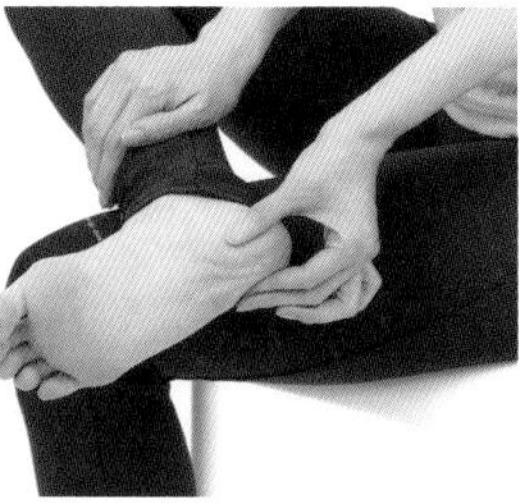

1 かかとをつまんで左右に揺らす

左右
各30秒

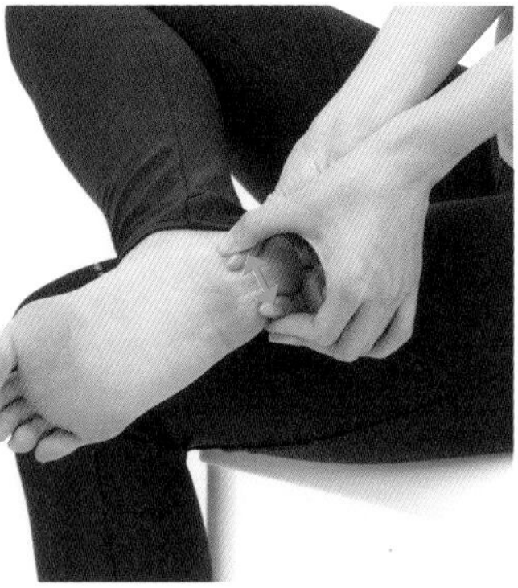

両手の指3本でかかとの後ろをつまみ、左右に15秒間揺らします。左足も同様に行います。

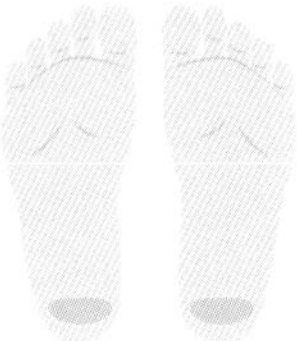

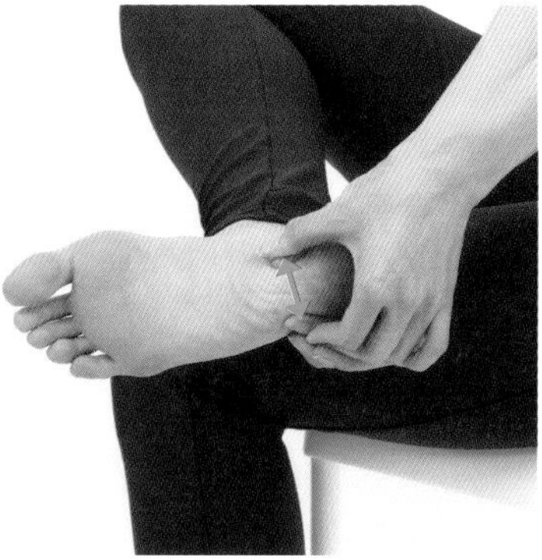

左足のヒザの上に右足をのせます。両手の親指・人さし指・中指の3本でかかとをつまみ、左右に15秒間揺らします。

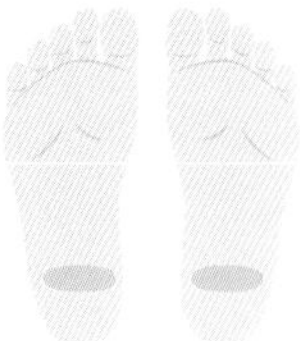

1日1回
1週間

所要時間
4分

おすすめの
時間帯
夜

② かかとに拳を押し当てる

左右
各30秒

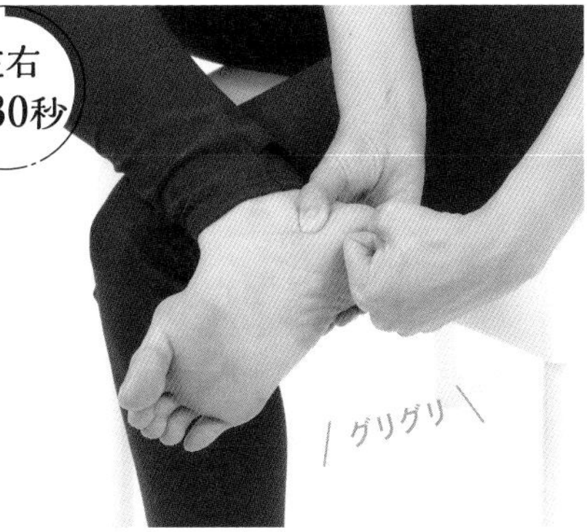

拳の第2関節をかかとの前と後ろに押し当て、10秒間ずつ刺激します。左足も同様に行います。

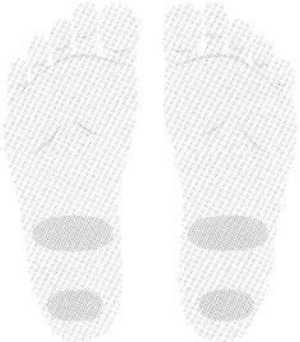

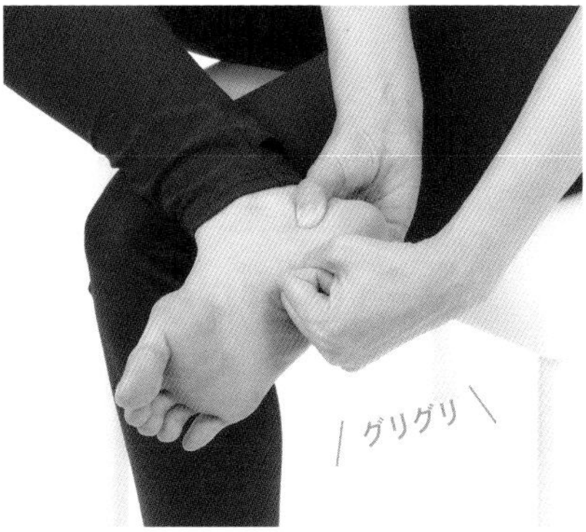

右手で右足のかかとを固定します。左手で拳を作ってかかとの中心に第2関節を押し当て、10秒間刺激します。

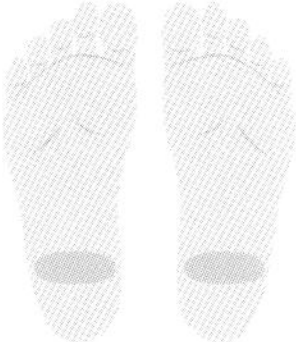

左右
各1分

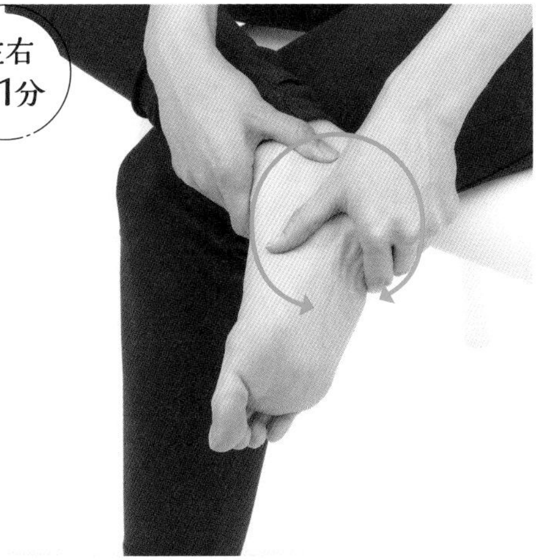

③ かかとをつまんで回す

右手で足首を持ち、親指をくるぶしの下に当てます。左手でかかとをつまんで円を描くように回します。時計回り、反時計回りにそれぞれ30秒間ずつ行いましょう。左足も同様に行います。

Point

足首を回すのではなく、かかとだけを回すイメージで行いましょう。足首が動かないよう、くるぶしをしっかり押さえて固定してください。

COLUMN 01

今からでも遅くない！
加齢に負けない肌作りの美容成分

若々しさを保つためには、マッサージだけでなく毎日の丁寧なスキンケアも必須。しかし、エイジングケアに効果的な美容成分を選びたいけど何が良いかわからない、名前はなんとなく聞いたことがあるけれどどんな効果か知らない、なんてお悩みの人も多いはず。

P43ではエイジングケアに効果があるといわれる美容成分を紹介しています。成分によって得られる効果が異なるので、まずは、自分の悩みにどの成分が効果的なのかチェックしてみましょう。そして、スキンケア用品を選ぶ際には、自分のお悩みに効果のある美容成分が含まれた物を選んでみると良いでしょう。成分表示は販売サイトや商品パッケージなどに記載してあります。

また、商品には「有効成分」という表記がされていますが、これも美容成分のひとつです。厚生労働省に効果・効能・安全性が認められた成分のことで、有効成分が配合されているものは医薬部外品として販売されています。

エイジングケアに
おすすめの美容成分

アスタキサンチン

優れた抗酸化作用を持ちます。シワやシミなどの、肌のトラブルを引き起こす活性酸素を抑えてくれます。

↓

シワ・シミ・たるみに

セラミド

肌の角層細胞の隙間を満たして潤いを保ち、肌荒れなどを起こす外部刺激から守る肌のバリア機能を高めます。

↓

乾燥に

ビタミンC誘導体

壊れやすいビタミンCに比べ、ビタミンC誘導体は角層まで浸透しやすく、効果の持続性が良いとされています。

↓

シミ・シワ・たるみに

プラセンタ

細胞を修復したりメラニン色素を作る酵素を阻害する働きがあるうえ、強力な抗酸化作用も持っています。

↓

シミ・くすみ・ニキビに

コラーゲン

皮膚や関節など人間の体の中にも含まれており、化粧品に含まれる場合は主に肌を保湿する効果があります。

↓

シワ・たるみ・乾燥に

ヒアルロン酸

優れた保水力を持ち、肌のハリアップや保湿に効果があります。肌のバリア機能もサポートしてくれます。

↓

シワ・たるみ・乾燥に

レチノール

ビタミンAの一種。肌細胞のターンオーバーを促進し、コラーゲンやヒアルロン酸の生成を促す働きを持ちます。

↓

**シワ・シミ・たるみ・
くすみに**

第2章

たった一回で若返る！「たるみ」を消して引き上げるケア

目元やフェイスラインなどが重力に負けたようにダルンとたれ下がってしまうたるみは、実際の年齢よりも老けて見える要因のひとつです。

第2章ではその原因と改善に効果的なセルフケアをご紹介します。たるみをしっかり引き上げてスッキリとした顔のラインを取り戻しましょう。

顔の重心を下げてしまう
たるみをキュッとリフトアップ！

たるみはこうして起こります

たるみを放置するとこんな顔に……

目の下のたるみ

肌にハリ感がなくなって目の下がくぼんでいます。クマのように見えて暗い印象を与えてしまいます。

眉毛のたるみ

眉尻が下がることで顔の重心が下にいき、間延びした顔に見えます。人によっては、眉頭が下がる場合も。

まぶたのたるみ

たるんだまぶたが目にかぶり、目が小さく見えます。大きく見せようと目を無理に開くことで、おでこにシワが寄ることも。

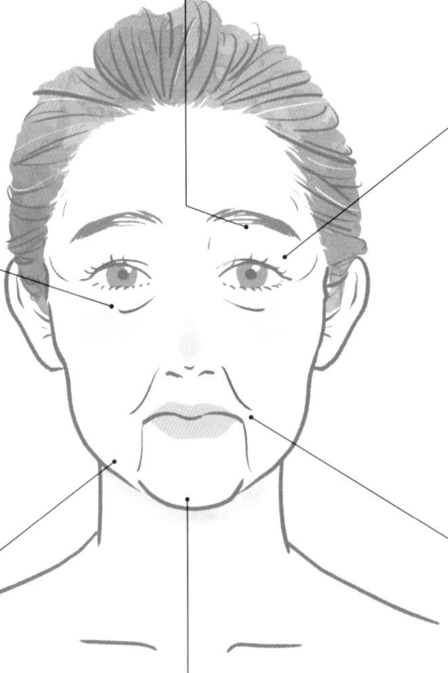

フェイスラインのたるみ

肌がたるむことでフェイスラインがぼやけて顔が大きく見えるだけでなく、太って見えることもあります。

あごのたるみ

支えきれない皮膚があごの下に溜まって二重あごになり、本来の顔の大きさよりも大きく見えてしまいます。

口元のたるみ

口角のお肉がたれ下がり、口がへの字になっています。口角が上がりにくくなり笑顔が不自然になることも。

たるみが生まれる主な原因

1 表情筋の筋力低下

加齢による衰えや、日常生活で表情筋をあまり動かさないと筋力が低下します。すると、皮膚や脂肪を支えられずたるみに繋がります。

2 ゆがみによる左右差

ゆがみにより肌が寄ることでたるみに繋がる恐れがあります。また、ゆがみは血行悪化を招いてむくみを引き起こすことも。

3 筋膜の癒着・筋肉のコリ

筋肉を包んでいる筋膜が縮んで癒着すると、筋肉が硬くなって働きが悪くなり、肌を支えることができなくなります。

4 顔のむくみ

フェイスラインや目のまわりに老廃物が溜まってむくんだ状態を放置すると、皮膚が伸びてたるみの原因になってしまいます。

ただ表情筋を鍛えるだけでは不十分！

ダルンとした見た目になるたるみ。これは、表情筋の衰えや筋膜が縮んで筋肉の働きが悪くなり、脂肪や皮膚を支えることができなくなってたれ下がるために起こります。

たるみを放置すると肌の寄った部分がシワとして定着し、さらなる老け見えを招くので早めのケアが必要です。たるみのケアといえば筋肉を鍛えて引き上げることが一般的ですが、筋肉が硬い状態では十分な効果を期待できません。そのため、まずは筋膜の癒着をはがして筋肉が動きやすい土台を作り、その後で筋肉を鍛えてたるみを引き上げるのがベストです。また、むくみやゆがみもたるみにつながるので姿勢や生活習慣にも注意しましょう。

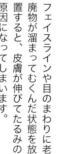

顔全体のたるみ解消

＼ 顔の比率を変えて若返り！ ／

間延び顔を改善する バランス矯正マッサージ

加齢により頬骨が下がると顔の比率に変化が出ます。筋肉の活性化・頬骨の持ち上げのふたつのアプローチで間延び顔を改善しましょう。

1 頬骨の下を押し上げ左右に揺らす

30秒

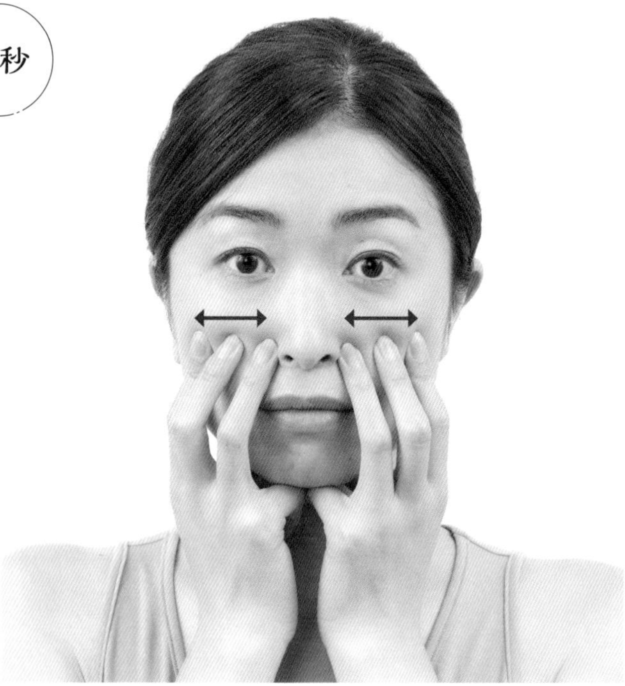

左右の頬骨の下に両手の人さし指・中指・薬指の3本を当てます。少し間隔をあけ、人さし指は目の外側、中指は黒目、薬指は目頭の延長線上に当てましょう。指で押し上げながら、30秒間左右に揺らします。

大きく揺らさずに
振動させるようなイメージで
揺らしましょう

1日1回
2週間

所要時間
1分30秒

おすすめの
時間帯
夜

30秒

② 頬骨の下に指を当て上方向に動かす

①と同様に、左右の頬骨の下に両手の指を押し当てます。上方向に30秒間小刻みに動かします。

30秒

③ 頬骨の下を持ち上げる

頬骨の下のくぼみに手のひらの付け根を当てます。下を向いて付け根をくぼみに食い込ませ、5秒持ち上げて戻すのを30秒間くり返します。

Point

机にヒジをついて行う

腕や首が疲れる人は、机にヒジをつくと安定して行いやすくなります。

\ 胸鎖乳突筋のコリを解消! /

顔全体のたるみ解消

顔のたるみが一瞬で消える胸鎖乳突筋はがし

顔のたるみに悩む人は胸鎖乳突筋がこっているという共通点がありました!
胸鎖乳突筋をほぐしてシュッとしたフェイスラインを手に入れましょう。

1 胸鎖乳突筋をつまんで横を向く

左右
各30秒

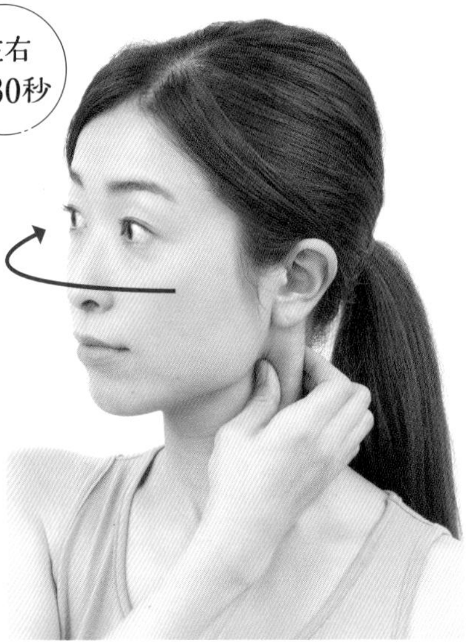

胸鎖乳突筋をつまんだまま右を向いて戻すのを30秒間くり返します。右の胸鎖乳突筋も同様に行います。

←

右手の親指・人さし指・中指の3本で、左の胸鎖乳突筋をつまみます。このとき、首の下ではなく耳の下をつまんでください。

Point

胸鎖乳突筋の動きを止めることでまわりの筋肉との癒着をはがせます。胸鎖乳突筋が動かないように、できるだけ押さえつけて行ってください。

1日1回
2週間

所要時間
2分

おすすめの
時間帯
夜

② 胸鎖乳突筋をつまんで首を倒す

左右
各30秒

①と同様に、右手の親指・人さし指・中指の3本で、左の胸鎖乳突筋をつまみます。

↓

そのまま首を右に倒して戻すのを30秒間くり返します。つまんだ手は動かさないようにしましょう。右の胸鎖乳突筋も同様に行います。

滑りやすい人は
ティッシュを挟んで
行ってください

＼たるみによる眉下がりを改善！／

眉毛を正しい位置に上げるマッサージ

眉毛の
たるみ解消

前頭筋・側頭筋のどちらが硬いかで、眉毛のどの部分が下がるかが変わります。
眉頭なら前頭筋を、眉尻なら側頭筋をメインにアプローチしましょう。

1 指３本で眉毛の下・眉毛・眉毛の上を押す

1分

眉毛の下

机に両ヒジをつき、両手の人さし指・中指・薬指の3本を両眉の下に当て、持ち上げるように押します。

眉毛

同様に指を眉毛に当て、持ち上げるように押します。

眉毛の上

同様に指を眉毛の上に当て、持ち上げるように押します。眉毛の下・眉毛・眉毛の上の順に、リズミカルに1分間くり返し押します。

1日1回
2週間

所要時間
3分

おすすめの
時間帯
夜

2 指3本で前頭筋を押し上げる

1分

両眉の上に人さし指・中指・薬指の3本を押し当て、小刻みに動かすように20秒間持ち上げます。痛気持ち良いと感じる強さで行いましょう。

←

指をおでこの中央の少し上に押し当て、同様に20秒間持ち上げます。さらに、生え際の少し上に指を押し当て、同様に20秒間持ち上げます。

1分

3 拳で側頭筋を持ち上げる

こめかみに両拳を押し当て、小刻みに動かすように20秒間持ち上げます。拳を側頭部、頭頂部と移動させ、同様に20秒間ずつ行います。

頭の側頭部～
頭頂部まで

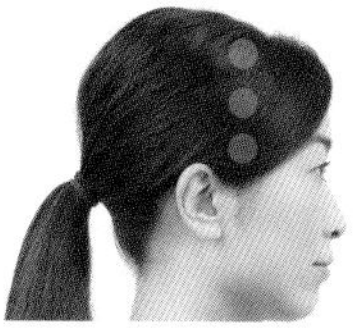

まぶたの
たるみ解消

\ 誰でもデカ目になれる! /

まぶたのたるみを改善する前頭筋リフトアップ法

おでこの前頭筋が上がると、目が大きくなる・まぶたのたるみが改善されるなどの効果があります。ヒジをつくとやりやすいので机の上などで行いましょう。

1 両手で前頭筋を上下に動かす

1分

眉毛に両手のひらの付け根を当てて指先を頭に付けます。指先で頭を押し、30秒間上下に動かします。押していた場所から指1本分下に移動し、同様に30秒間行います。

ヒジをつくと
動かしやすすく
なります!

1日1回
2週間

所要時間
2分

おすすめの
時間帯
夜

2 両手でおでこを押さえて持ち上げる

1分

おでこを包むように両手を重ねます。このとき、手が眉毛にかぶるようにしましょう。机にヒジをついて両手でおでこを押し上げ、両目を見開きながら1分間キープします。

Point

目を見開きすぎるとおでこにシワが寄って定着してしまうので、シワが寄らない程度に目を見開いてください。

目の下のたるみ解消

\ 目の下のたるみ・ゴルゴ線に同時にアプローチ /

スッキリした目元を手に入れる 老け顔リセットマッサージ

やつれて見える目の下のたるみは、筋肉のコリをほぐす&持ち上げるで改善。
ゴルゴ線にも効果があるのでぜひ試してみてください！

30秒

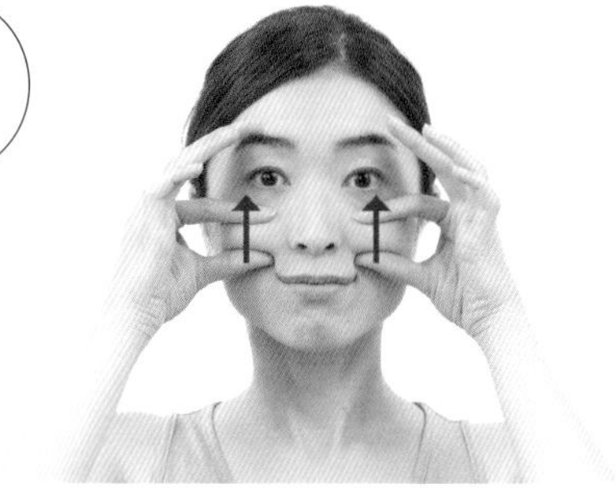

1 ゴルゴ線の上下をつまんで持ち上げる

両手の親指と人さし指でゴルゴ線の上下をつまみ、30秒間小刻みに動かすように持ち上げます。皮膚の表面をつまむのではなく、ゴルゴ線の奥にある筋肉をしっかりつまみましょう。

30秒

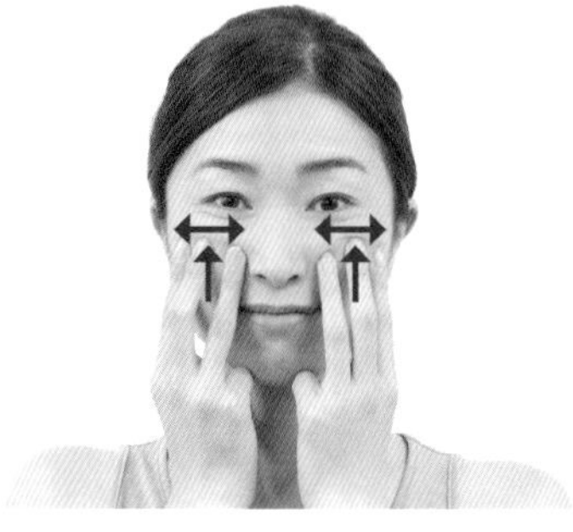

2 頬を持ち上げ左右に動かす

両手の人さし指・中指・薬指の3本を左右の頬骨の下に押し当て、持ち上げながら30秒間左右に揺らします。

30秒

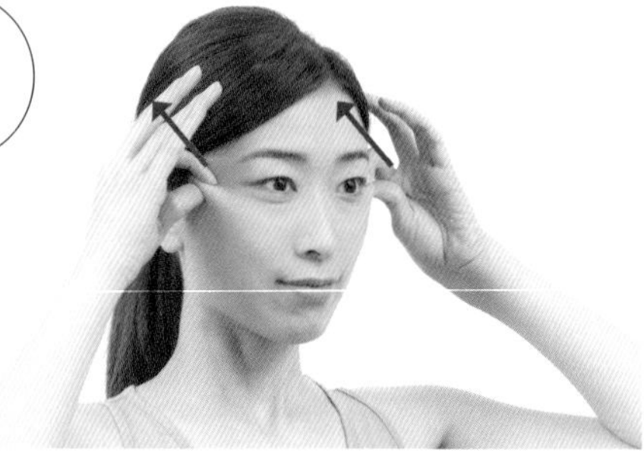

3 こめかみを斜め上に持ち上げる

両手の親指と人さし指で左右のこめかみをつまみ、斜め上に向かって小刻みに動かすように30秒間持ち上げます。初めて行うときは鏡を見ながら片方ずつ行い、頬が動いているか確認すると良いでしょう。

1日1回
2週間

所要時間
2分30秒

おすすめの
時間帯
夜

30秒

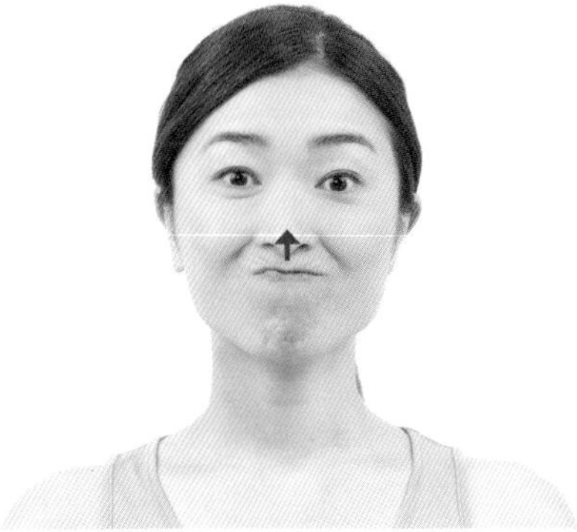

④ 口を持ち上げて左右に動かす

鼻の下に逆さハの字が入るように上唇に力を入れて持ち上げます。上げた状態をキープしながら、口を左右に30秒間動かします。

30秒

⑤ 頬を持ち上げてキープする

④と同様に、鼻の下に逆さハの字が入るように上唇を持ち上げます。上げた状態で頬を両手で押さえ、30秒間キープします。

口元の
たるみ解消

＼口元の筋膜にアプローチ！／

口元のたるみ・ゆがみをスッキリさせるケア

口元の筋膜が硬いと口まわりの脂肪や皮膚を引き上げることができません。
筋膜をしっかり緩めて本来の働きを取り戻しましょう。

1 フェイスラインを持ち上げて左右に揺らす

1分

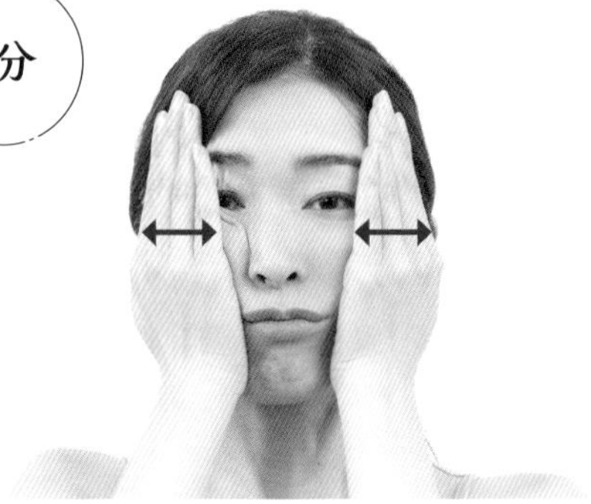

持ち上げた状態をキープしたまま、左右に1分間揺らします。

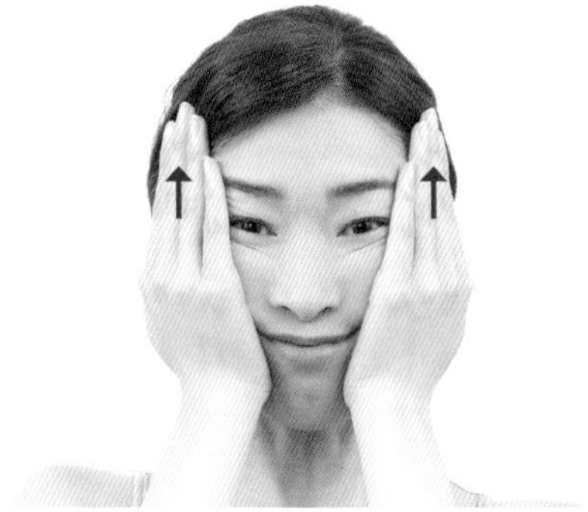

両手のひらの付け根をフェイスラインの下に当て、手のひら全体で3～5㎝上に持ち上げます。

2 口角下制筋をつまんで左右に揺らす

1分

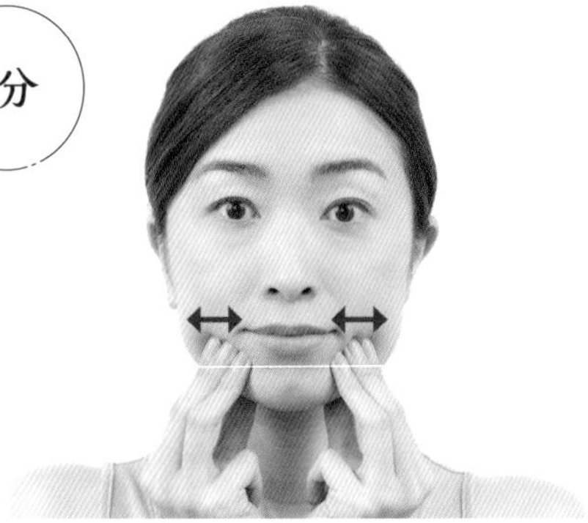

両手の小指以外の4本の指で、口角の下のあご先をつまみ左右に揺らします。指の位置を少しずつ上に移動し、あご先～口角の真下を1分間動かしましょう。つまむ力は強め、揺らす力は弱めを意識してください。

＼あご先～口角の真下まで／

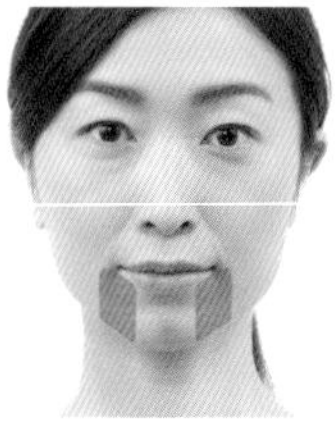

1日1回
1ヵ月

所要時間
4分

おすすめの
時間帯
夜

3 口元を持ち上げて左右に揺らす

1分

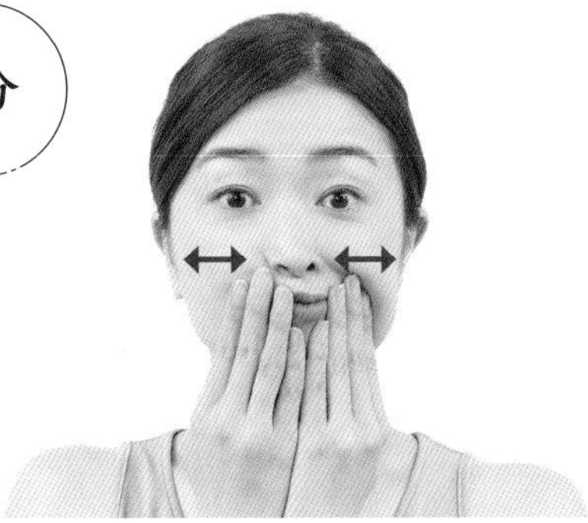

持ち上げた状態のまま、左右に1分間揺らします。

あごに親指以外の4本の指を当て、3～5cm上に持ち上げます。指全体をぴったり付けてあごの中心も持ち上げましょう。

1分

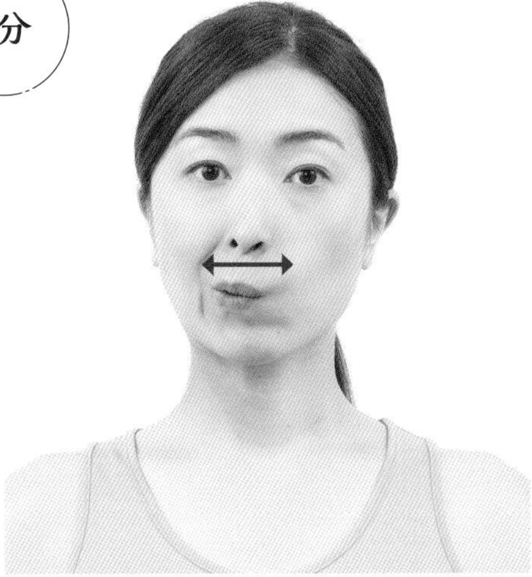

4 口を左右に動かす

口を左右に1分間動かします。余裕のある人は斜め上に持ち上げるとさらに効果が出るので、チャレンジしてみましょう。

これはNG

目をつぶってしまう

口につられて目が動くと効果が落ちるので、口だけを動かすようにしましょう。

下あごの
たるみ解消

＼うそみたいに若返る！／

二重あご・マリオネットライン を解消するあごほぐし

ダルンとたれて年齢を感じさせる二重あごはオトガイ筋をほぐして解消！
首・咬筋・側頭筋も一緒にほぐしてスッキリリフトアップしましょう。

1 あご先をほぐす

40秒

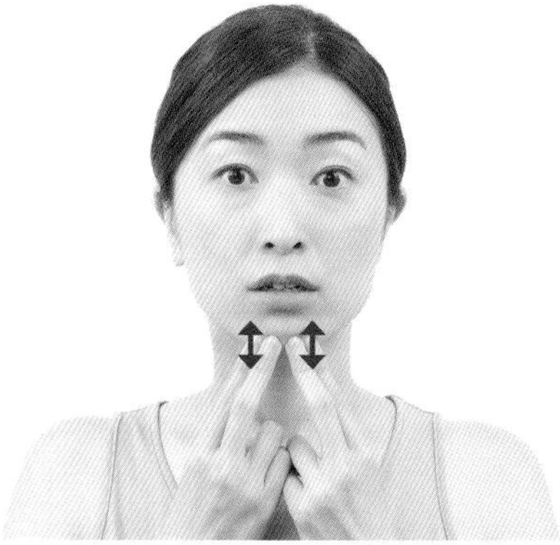

口角の真下のあご先に両手の人さし指・中指を押し当て、20秒間上下に動かします。このとき、口の力は抜いてください。さらに、あご先の中央に指を移動し、同様に20秒間動かします。

爪の先が白くなる
くらいグッと圧を
加えましょう

2 口角の真下・唇の真下をほぐす

40秒

唇の真下

下唇の真下に指を押し当て、上下に20秒間動かします。

←

口角の真下

両手の人さし指・中指を口角の真下に押し当て、上下に20秒間動かします。

1日1回
2週間

所要時間
5分20秒

おすすめの
時間帯
夜

40秒

3 あご先をつまんで持ち上げる

両手の親指・人さし指・中指の3本であご先をつまみ、耳の方向にくり返し持ち上げます。指を移動させ、あご先～耳の下を40秒間持ち上げます。

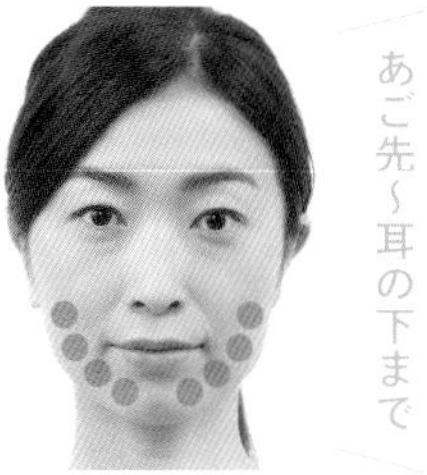

4 フェイスラインから首元を拳で流す

40秒

両手で拳を作り、右手の第2関節をフェイスラインの下に当てます。

第2関節で擦るように首元まで押し流します。左右交互に40秒間くり返します。

40秒

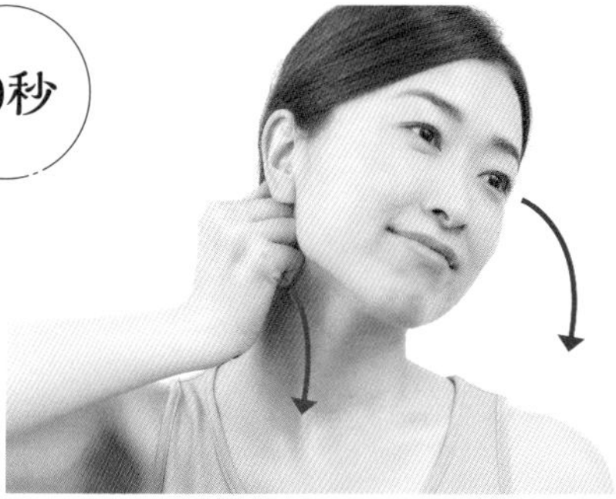

5 耳たぶの下から首元を拳で流す

右耳の下に右手の拳の第2関節を当てます。首を左に倒しながら拳で首元まで押し流します。左右交互に40秒間くり返しましょう。

Point

首を傾けながら拳で押し流すことで、耳下の胸鎖乳突筋を効率良くほぐすことができます。

続きは次のページへ！

40秒

6 拳で咬筋を圧迫する

机に両ヒジをついて左右のエラに拳を当てます。圧迫して力を緩めるのをくり返します。拳を少しずつ移動させ、エラ～頬骨の下を40秒間行います。

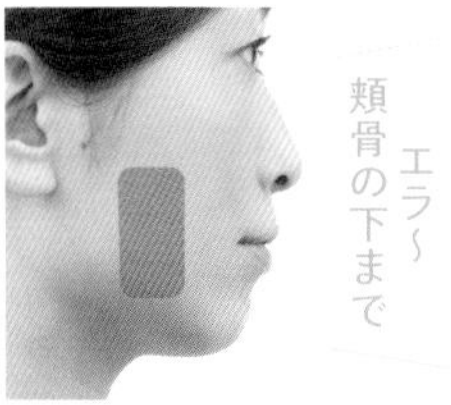

40秒

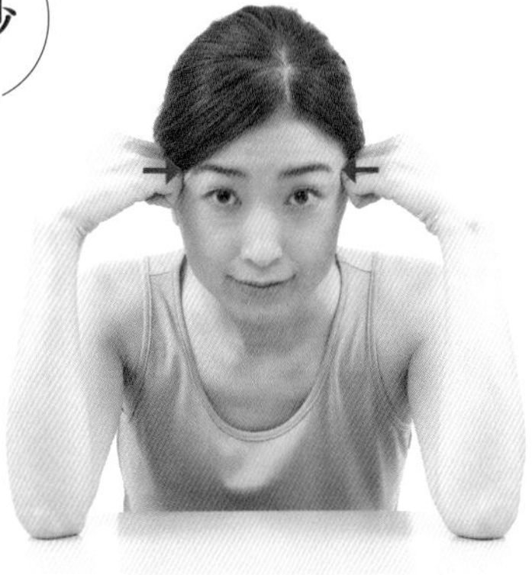

7 こめかみともみあげを圧迫する

机に両ヒジをつき、左右のこめかみに拳を当てます。圧迫して力を緩めるのをくり返します。拳を少しずつ移動させ、こめかみ～もみあげを40秒間行います。

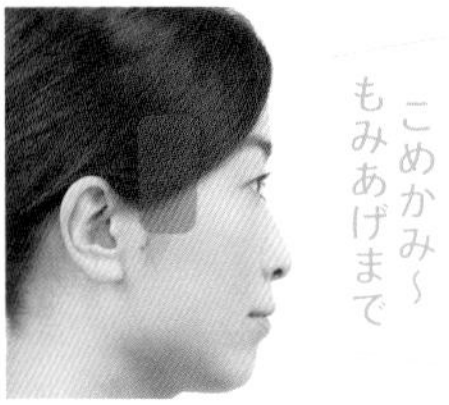

40秒

8 拳で側頭部を持ち上げる

両手の拳を左右の耳の上に当て、圧迫しながら、小刻みに動かすように持ち上げます。拳を少しずつ上に移動させ、側頭部全体を40秒間行います。

フェイスライン
のたるみ解消

＼マスクを着けたままバレずにできる！／

フェイスラインのたるみを解消するストレッチ

マスクを長時間着けていると口まわりの筋肉があまり動かないので
たるみの原因に。そこで、マスクのままこっそりできるストレッチをご紹介します！

1日1回
1週間

所要時間
2分

隙間時間に
おすすめ

1分

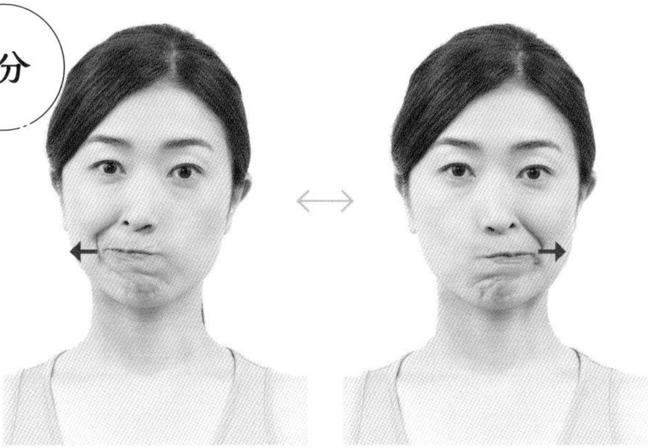

①

口を閉じて左右に動かす

唇同士を押し付けるように口元に力を入れます。力を入れた状態をキープし、1分間左右にゆっくり動かします。

1分

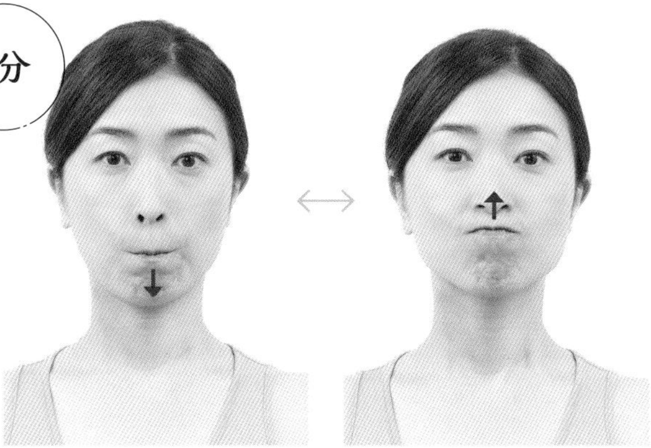

②

口を閉じて上下に動かす

①と同様に、口元に力を入れた状態をキープし、1分間上下にゆっくり動かします。

COLUMN 02

肩コリで老化が加速する！自覚ない『隠れ肩コリ』に要注意！

肩コリは現代病といっても過言ではないほど悩んでいる人が多い不調のひとつ。肩コリと美容は一見関係がないように見えますが、実は、いくらマッサージをしたり高級な化粧品を使ったりしても、肩がコッていては顔のたるみやむくみ・血色の悪さは治らないのです。

その原因は血液の流れにあります。肩がコルことで顔に向かって流れる血液は肩で滞ってしまいます。顔まわりの小さな血管は皮膚に栄養を与えるため、血流が滞ることで栄養がいきわたらなくなり、たるみやくすみ、血色の悪さなどの老け見えを引き起こしてしまうのです。

しかし、肩コリを解消して血流を改善すれば、若返りのサイクルを作ることができます。まずは、左ページでご紹介している肩こりチェックを行って自分が肩コリになっていないかどうかを確かめましょう。下記のＱＲコードから肩コリ解消に効果的なストレッチの動画に飛べるので、ぜひ試してみてください。肩コリ・老け見えの両方を解消し、スッキリ気持ちの良い生活を送りましょう！

肩コリ改善に効果的なストレッチはこちら！

肩コリチェック

体の前で
ヒジをつけて上げる

↓

ヒジが耳のラインまで
上がらないなら

重症肩コリかも！？

肩コリを解消するだけで若返りの流れが作れる！

肩コリの解消

↓

血流の改善

↓

皮膚に
栄養が届く

↓

顔まわりの
代謝アップ

↓

細胞活性化

↓

ターンオーバー
正常化

↓

肌ツヤアップ

たるみ・くすみを
改善へ

第3章

左右差にストップ！「顔のゆがみ」を整えるケア

ふと鏡を見たときに、自分の顔が左右非対称だと感じることはありませんか？　左右の口角の高さが違う、左右の目の大きさが揃っていないなど、顔の左右差にコンプレックスを抱えている方も少なくありません。

第3章でご紹介するケアで、左右差を引き起こすゆがみを解消してバランスの整った顔を手に入れましょう。

ゆがみを解消して
顔のパーツが整ったバランス美人に！

ゆがみはこうして起こります

ゆがみを放置するとこんな顔に……

目が片方だけ小さい

左目よりも右目が小さく、顔のバランスが崩れて見えます。ゆがみがひどくなるとメイクでカバーして大きさを揃えるのが難しくなることも。

片眉だけ下がっている

眉間にシワを寄せるなどのクセによって眉毛の筋肉に左右差が出ると、眉毛の高さも左右でズレてしまいます。

片方だけ鼻の穴が大きい

鼻の穴の大きさは正面から見えないのでなかなか気づけません。気づく頃には正面からでもわかるぐらいに左右差が出ていることも。

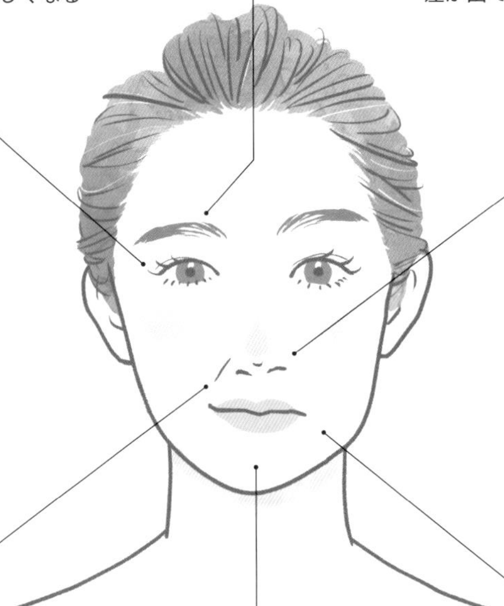

ほうれい線が片方だけ濃い

老け見えの代名詞のほうれい線ですが、片側だけくっきり入っている場合は顔のバランスの崩れが原因として考えられます。

フェイスラインがゆがんでいる

あご先が中心から左右にズレていたり、片方にだけ頬のもたつきが見られたり、いびつなフェイスラインになっています。

片方の口角だけ下がっている

顔がゆがむことで口角の上がり方に左右差が出てしまい、口角の両端を結んだときに平行にならずに斜めになっています。

ゆがみが生まれる主な原因

① 片側の表情筋ばかり使う

片側だけでご飯をかみ続けるなど、片方の表情筋ばかり使うと、左右の表情筋のバランスが崩れてゆがみが生じます。

② 頬杖をつく

あごの片方に体重がかかり、あごの位置がずれてフェイスラインがゆがんでしまいます。顎関節症を引き起こすことも。

③ 頭を傾ける

頭を傾けると首に負担がかかってゆがみの原因に。スマホを見ているときなど、無意識に行いがちなので気を付けましょう。

④ 姿勢が悪い

猫背や足を組むなどの姿勢のクセにより、背骨や骨盤のゆがみを引き起こし、結果として顔のゆがみにも発展してしまいます。

左右の表情筋量に差が出るとゆがみが生まれる

ゆがみは目や口角などの左右差を引き起こし、どこかアンバランスな印象の顔を作ってしまいます。原因として一般的なのは骨格ですが、普段の生活が引き起こす表情筋のバランスの崩れにも注意が必要です。

例えば、テニスのような片側だけを使うスポーツを続けると、ラケットを持つ腕だけ筋肉量が増え、太くなることがあります。顔も一緒で、片側にばかり負担をかけると、表情筋量のバランスが崩れてゆがみが悪化するのです。

左右差を解消するには使いすぎた筋肉をほぐしたり、左右均等に顔を動かすトレーニングが大切です。継続することで徐々に左右のバランスが整い、ゆがみが少なくなります。

＼表情筋のバランスを改善！／

顔全体の左右差解消

左右のゆがみを整える美容整体式トレーニング

顔がゆがむ原因のひとつに表情筋バランスの崩れがあります。
左右差を整えるため左右均等に表情筋を動かすので、鏡を見ながら行いましょう。

1分

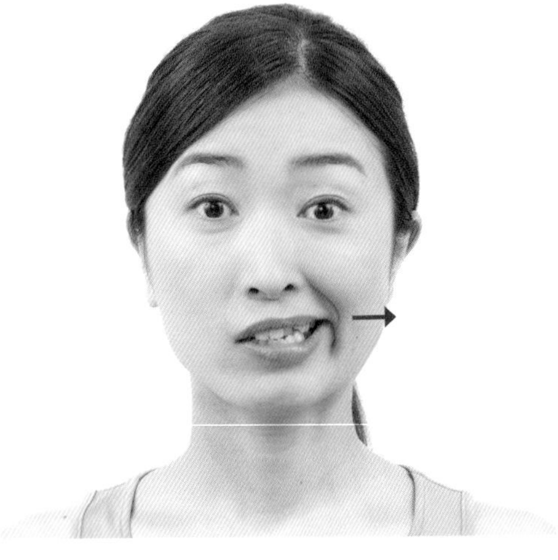

1 唇を開けた状態で口を左右に動かす

唇を開けた状態で口を左右に1分間動かします。片側だけ大きく動かすのはNG。左右均等に動かすことが大切なので、鏡を見ながら動かしにくいほうに合わせましょう。

これはNG

上下の歯の間が開いている

歯の間は開けずに、軽く閉じます。口を動かしたときに見える歯の本数が左右で揃うように意識すると、左右均等に動かしやすいです。

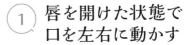

1日1回
1ヵ月

所要時間
2分

おすすめの
時間帯
夜

② 唇を閉じた状態で口を左右に動かす

1分

唇を閉じた状態で口を左右に1分間動かします。①と同様に、鏡を見ながら左右均等に動かしましょう。

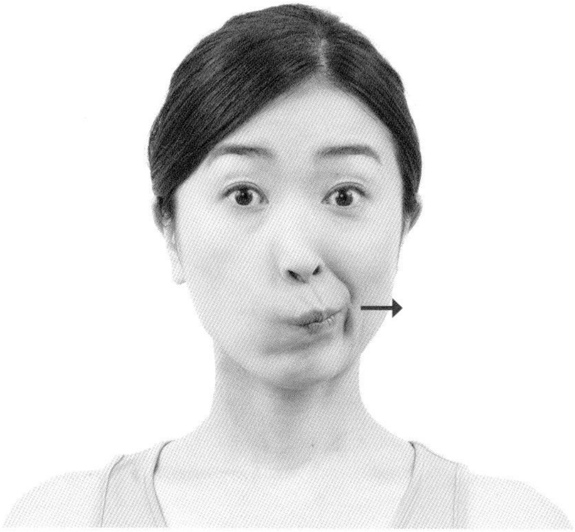

Point

口を横に動かすときは、目を動かしたり閉じたりせずに、口だけ動かすことを意識してください。

トレーニングを続けると
表情筋のバランスが整い
顔のゆがみが改善します

＼笑っても広がらない鼻を手に入れる！／

あぐら鼻解消

横に広がった小鼻を縮める あぐら鼻解消ストレッチ

あぐら鼻とは小鼻が広がっている状態のことで、笑顔に抵抗感が出ることも。
小鼻の広がりを抑えて、自信に満ちた笑顔を取り戻しましょう！

1 小鼻・鼻筋の横を押さえて中央に寄せる

左右
各30秒

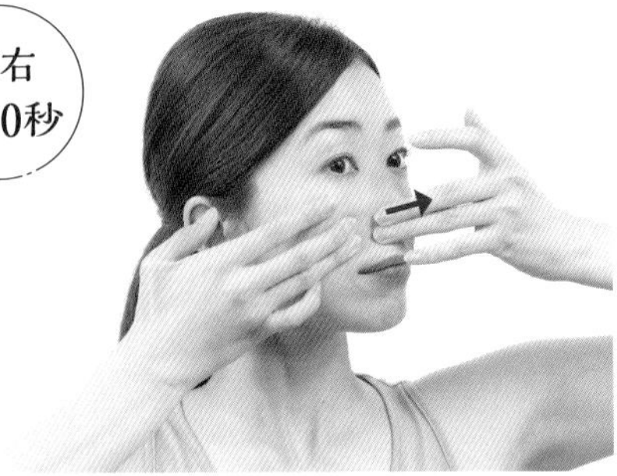

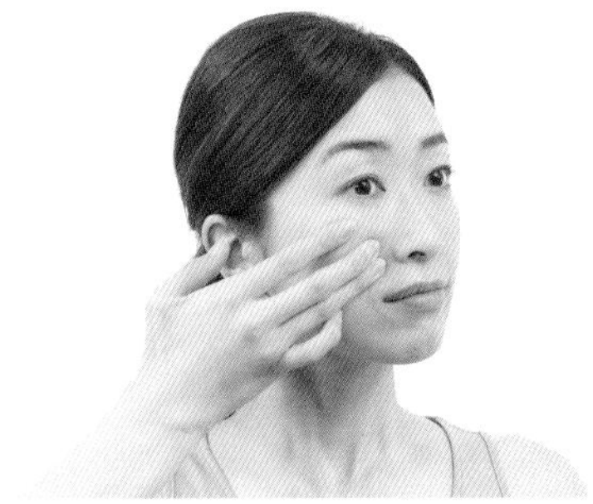

左手の中指と薬指を小鼻に当て、5秒間鼻を中央に寄せます。同様に鼻筋も寄せましょう。小鼻と鼻筋を30秒間くり返し寄せます。左も同様に行います。

小鼻の右横に右手の中指と薬指を当てて、押さえます。

2 斜め上に小鼻・鼻筋を押し上げる

1分

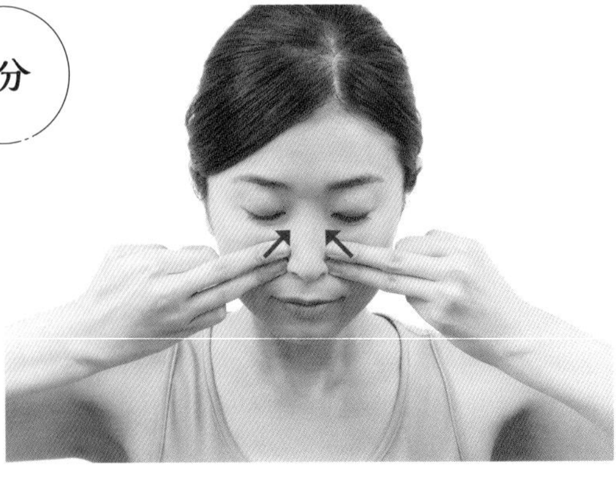

小鼻の横に両手の中指と薬指を当てます。鼻を中央に寄せるように、斜め上に30秒間押し上げます。指を鼻筋の横に移動させ、同様に30秒間行います。

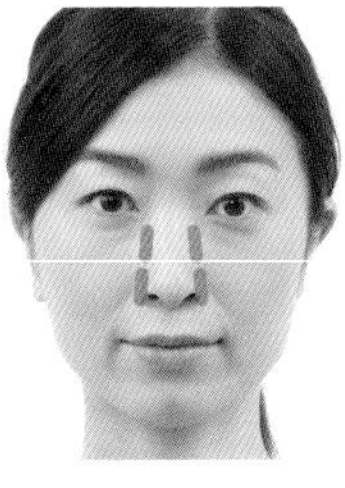

小鼻の横・鼻筋の横の2カ所を押す

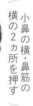

1日1回
2週間

所要時間
3分

おすすめの
時間帯
夜

3 鼻から首元までリンパを流す

左右
各30秒

左手の人さし指を鼻の右側に付けます。指は浮かせずに、指の側面全体を鼻の横にぴったり付けましょう。

Point

指の腹ではなく、指の側面を付けるように意識しましょう。鼻の横に当てやすく、老廃物を流すときも力が入りやすくなります。

↓

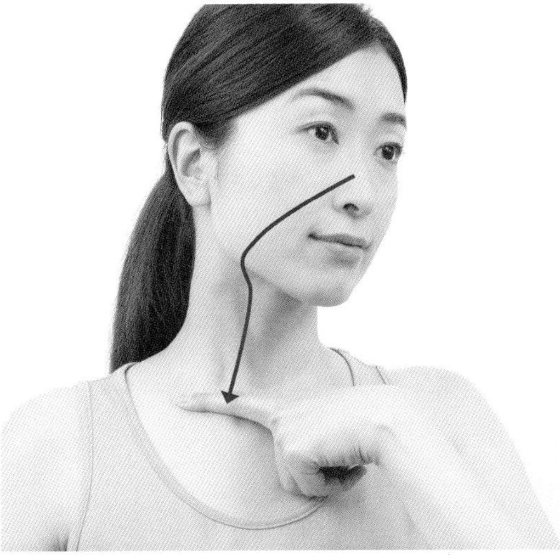

人さし指で圧迫しながら鼻〜首元まで流し、これを30秒間くり返します。左も同様に30秒間行います。

滑りにくい場合は
乳液やオイルを
つけてください！

＼左右差は鼻の穴にもあらわれる!?／

鼻の穴の
左右差解消

左右の鼻の穴の大きさを揃えるマッサージ

鼻のまわりの老廃物を流して硬さを取り、鼻の穴の向きを矯正していきます。
鼻の穴を小さく見せたい人にもおすすめです。

1 鼻のまわりを動かしてほぐす

1分

小鼻の横に両手の人さし指と中指を押し当てます。内側に向かって円を描くように30秒間動かします。

Point

左右で硬さが違う人は、硬いほうを意識してマッサージしてください。老廃物をしっかり流して柔らかい状態に戻しましょう。

↓

両手の人さし指と中指を鼻の下に押し当て、左右に30秒間動かします。

1日1回
1ヶ月

所要時間
2分

おすすめの
時間帯
夜

② 鼻をつまみながら根元を押す

1分

親指と人さし指で鼻をつまみ、前に引き出します。左の鼻の穴が大きいなら右手、右の鼻の穴が大きいなら左手でつまみましょう。

これはNG　鼻が片方に寄りすぎている

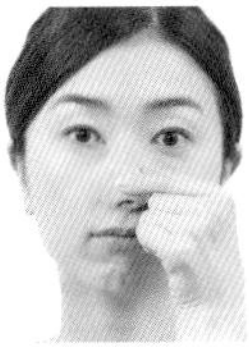

鼻をつまんだときに鼻先が左右に寄らないようにまっすぐ引き出しましょう。

つまんだ手とは反対の手の人さし指で、鼻の穴が大きいほうの鼻の根元を押します。1分間キープしましょう。

鼻の穴が
潰れるくらいの強さで
押しましょう！

＼年齢を感じさせないステキな笑顔に！／

口角の
下がり解消

下がった頬と口角を引き上げる若返りマッサージ

頬が下がるのは、頬骨が下がって筋力が弱まることで頬を支えきれないから。
筋肉と頬骨を引き上げて、キュッと上がったステキな笑顔を取り戻しましょう！

1 頬を斜めに上げて両手で持ち上げる

左右
各1分

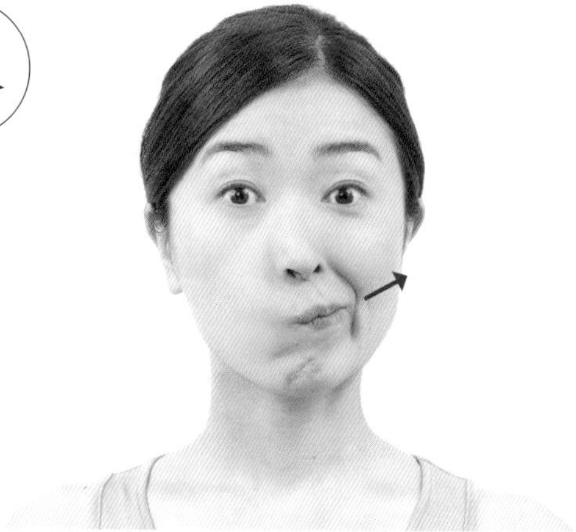

左頬を斜め上に持ち上げます。このとき、上げたほうの目が閉じないように注意してください。

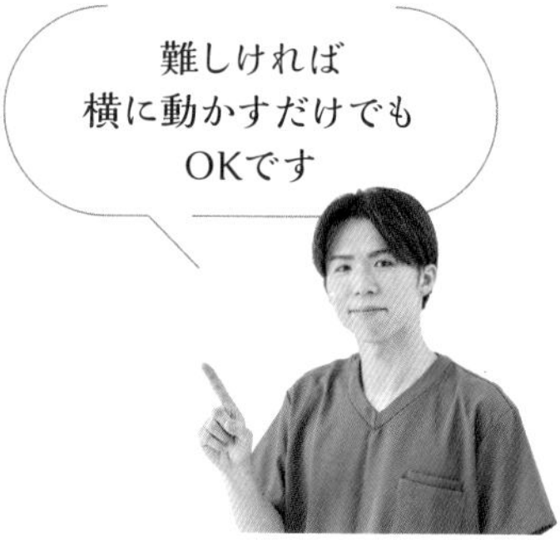

↓

頬を斜めに上げたまま、両手で左頬を持ち上げます。持ち上げた状態で5秒キープして戻すのを1分間くり返します。右側も同様に行います。

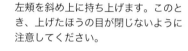

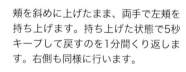

1日1回
1ヵ月

所要時間
3分

おすすめの
時間帯
夜

② 頬骨を両手で持ち上げて揺らす

1分

机に両ヒジをつき、両手のひらの付け根を頬骨の下のくぼみに当てます。軽く下を向いて付け根で頬骨を持ち上げ、1分間左右に揺らします。

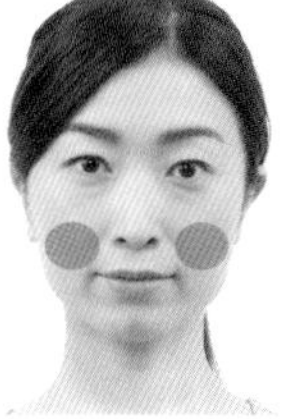

頬骨の下のくぼみを押し上げる

＼ 片方だけ浮き出るほうれい線が気になる…… ／

ほうれい線の左右差解消

片方だけ濃い ほうれい線改善セルフケア

片方だけ濃いほうれい線は、表情筋バランスの崩れによるもの。
コリ固まった筋肉をほぐして左右差を解消しつつ、ほうれい線を消していきます。

1 頬骨の下のくぼみをマッサージする

1分

両手の人さし指と中指を頬骨の下のくぼみに押し当て、30秒間小刻みに動かすように持ち上げます。

↓

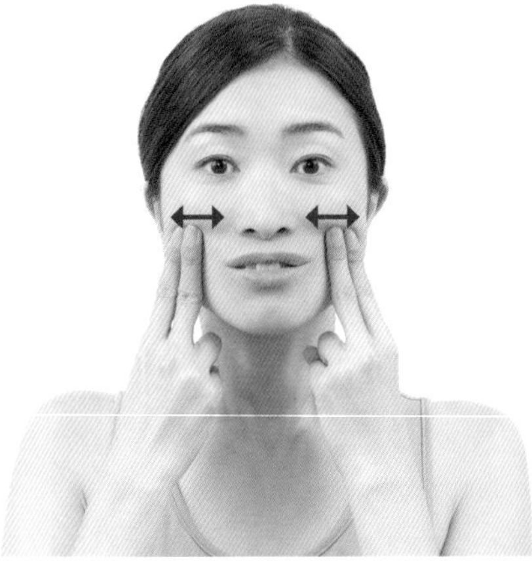

指を頬骨の下に押し当て、左右に30秒間動かします。

これはNG　口を閉じてしまう

口を閉じると力みやすいので、口は軽く開けて余計な力を抜いた状態で行いましょう。

1日1回
1ヵ月

所要時間
3分

おすすめの
時間帯
夜

② 頬の横をつまんで口を大きく開ける

1分

つまんだ状態で口を大きく開けます。1分間開け閉めをくり返しましょう。

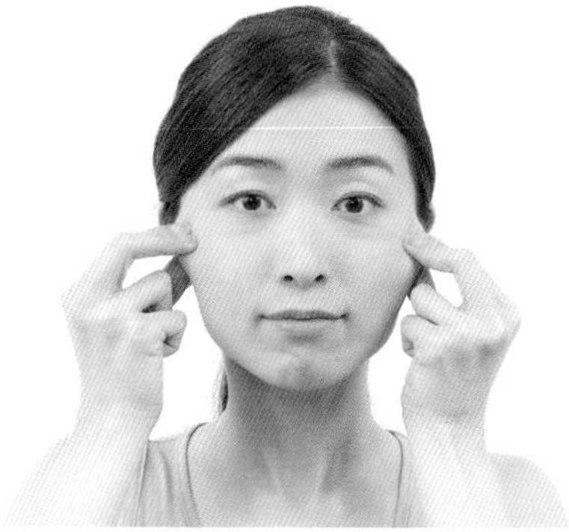

両手の親指・人さし指・中指の3本で、左右の頬の横をつまみます。滑る場合はティッシュを挟んでください。

③ 頬骨の下のくぼみを斜め上に持ち上げる

1分

机に両ヒジをつき、両手のひらの付け根を頬骨の下のくぼみに当てます。軽く下を向き、くぼみを斜め上に持ち上げた状態で15秒キープして戻すのを1分間行います。

頬骨を持ち上げて
骨格の左右差を
解消しましょう

＼ 自分の笑顔に自信が持てる！ ／

笑顔の
左右差解消

たった1回でゆがんだ笑顔を自然な笑顔に変えるセルフケア

今回のマッサージでは、①②でゆがんだ頬をほぐして筋肉のコリを取り、③で両側を持ち上げて頬全体を引き上げ、自然な笑顔を作ります。

始める前にCHECK!!

口角の上がりにくいほうを確認

鏡を見ながら笑顔を作り、左右どちらの口角が上がりにくいかをチェック。上がりにくいほうを①②でほぐします。

右側を
ほぐします

1 口角下制筋をつまんで持ち上げる

1分

←

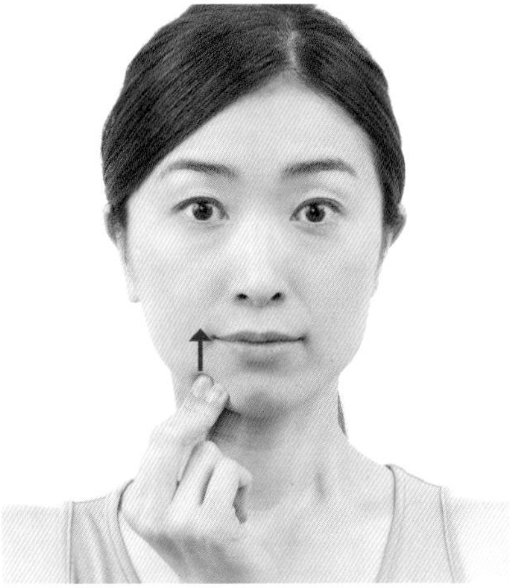

あご～
口角の横まで

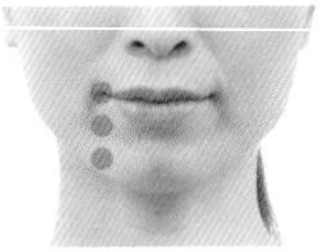

あごと口角の中間に指を移動し、同様に20秒間行います。さらに、口角の横にも指を移動し、同様に20秒間行いましょう。

口角の真下のあご先を、親指・人さし指・中指の３本でつまみます。真上に持ち上げて戻すのを、20秒間くり返します。

1日1回
2週間

所要時間
3分

おすすめの
時間帯
夜

② 頬のまわりを持ち上げる

1分

鼻の横の頬骨の下のくぼみに、人さし指と中指を当てます。小刻みに動かすように20秒間斜め上に持ち上げます。指を頬の中央に移動させ、同様に20秒間行います。さらに、手をエラの近くに移動させ、同様に20秒間行いましょう。

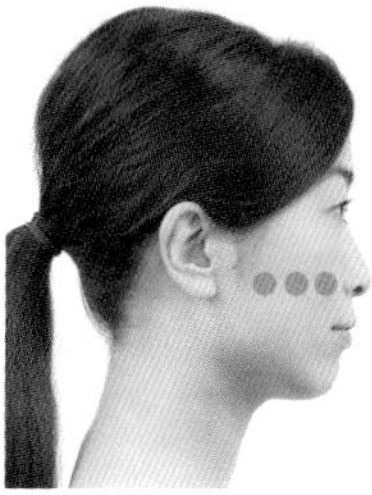

鼻の横・頬の中央・エラの近くの3ヵ所

③ 指4本で側頭筋を持ち上げる

1分

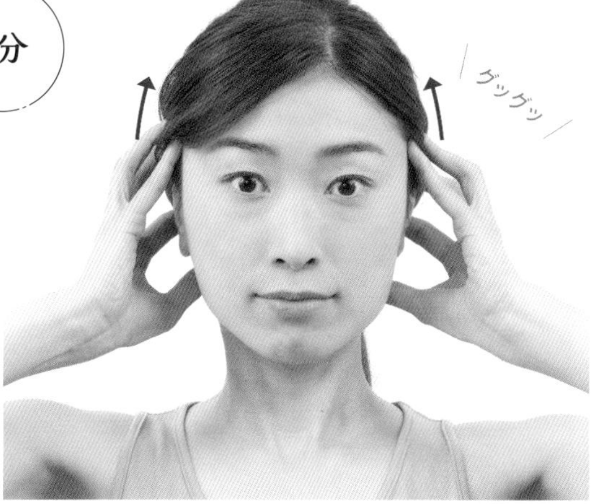

両手の親指以外の４本で両耳の上を囲むように押さえます。頭皮を上にずらすイメージで、小刻みに動かすように持ち上げます。指を少しずつ上に移動し、側頭筋全体を１分間持ち上げます。

①と②は
笑顔で行うと
より効果が出ます！

＼目の大きさが違うと顔のバランスが崩れて見える……／

目の大きさの
左右差解消

左右の目の大きさを揃えるマッサージ

眉毛下制筋の強さに偏りがあると、強いほうの目の位置が下がり小さく見えます。
今回は、眉毛下制筋をほぐして小さい目を大きい目に揃えていきます。

1 眉頭をつまんで持ち上げる

30秒

目が小さいほうの眉頭を親指と人さし指でつまみ、30秒間くり返し持ち上げます。自分が心地良いと感じる強さでつまみましょう。

Point

眉頭の表面をつまんだだけでは眉毛下制筋をほぐすことができないので、眉毛の根元の奥までしっかりつまんでください。

1日1回
2週間

所要時間
1分

おすすめの
時間帯
夜

②　眉毛を持ち上げる

30秒

目が小さいほうの眉毛に、人さし指・中指・薬指の３本を押し当てます。ぐっと持ち上げて戻すのを30秒間くり返します。心地よいと感じる強さで行います。

皮膚の表面を
滑らせるのは
NGです！

＼朝目が覚めたらそのまま布団で！／

骨盤のゆがみ解消

寝たままできる！ 骨盤自動矯正ストレッチ

骨盤自動矯正では、左右同じ動きで骨盤を刺激して正しい位置に戻します。
朝1回を続けるだけで痩せやすいキレイな姿勢の体が手に入ります！

始める前にCHECK!!

前屈・後屈で体の硬さを確認

骨盤がズレていると体が硬くなるので、前屈や後屈がやりにくい人は骨盤がズレています。

1 片足ずつ交互にヒザを内側に倒す

30秒

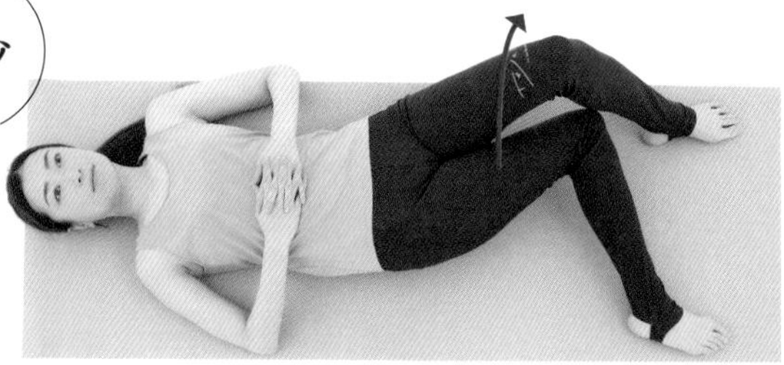

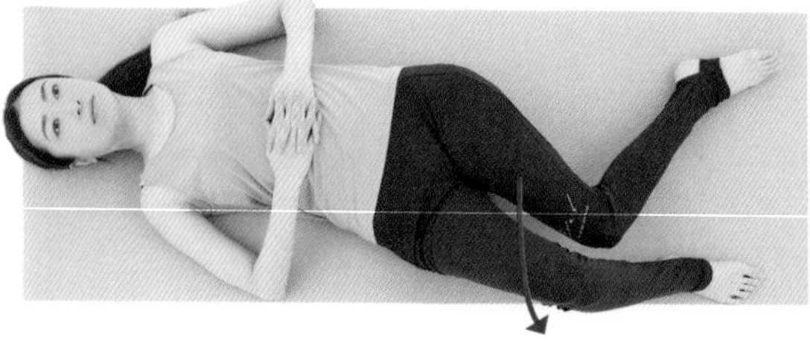

仰向けになり、足は肩幅より開いて立て、両手はお腹に当てます。片足ずつ交互にヒザを内側に倒し、30秒間くり返します。

Point

ヒザを内側に倒すときに片方の足だけが大きく動いていると、ストレッチをしても骨盤が整いません。左右同じ動きになるように意識してください。

1日1回
1ヵ月

所要時間
4分

おすすめの
時間帯
朝

② ヒザを閉じて左右交互に倒す

↔
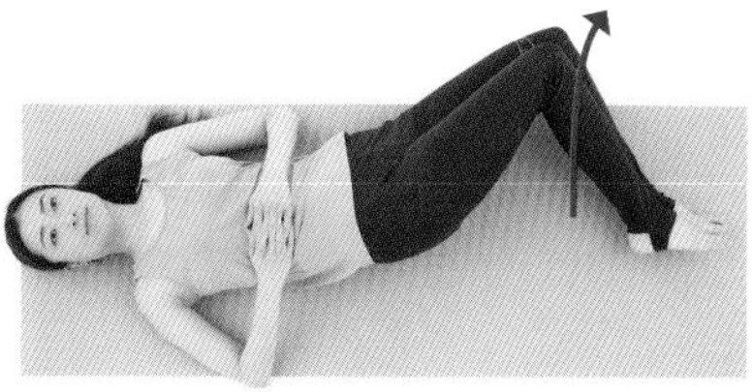

30秒

仰向けのままヒザを閉じて立て、両手はお腹に当てます。ヒザを閉じたまま、両足を左右交互に倒し、30秒間くり返します。

③ 片足ずつ交互に外側に開く

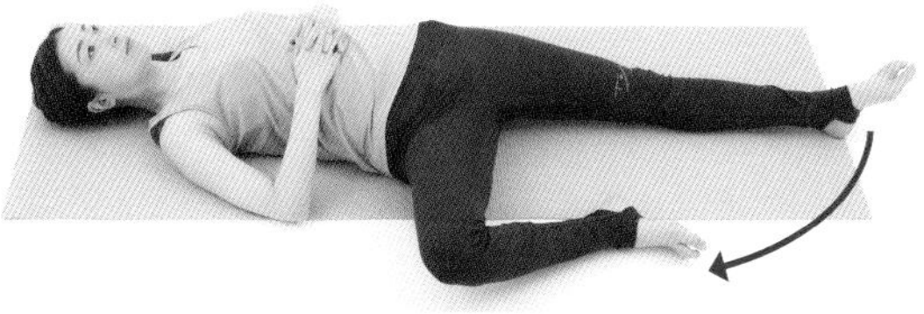

30秒

仰向けのまま両足を揃えて伸ばし、両手はお腹に当てます。片足ずつ交互に足を開き、30秒間くり返します。90度程度まで持ち上げると良いでしょう。

④ かかとを片足ずつ交互に下に突き出す

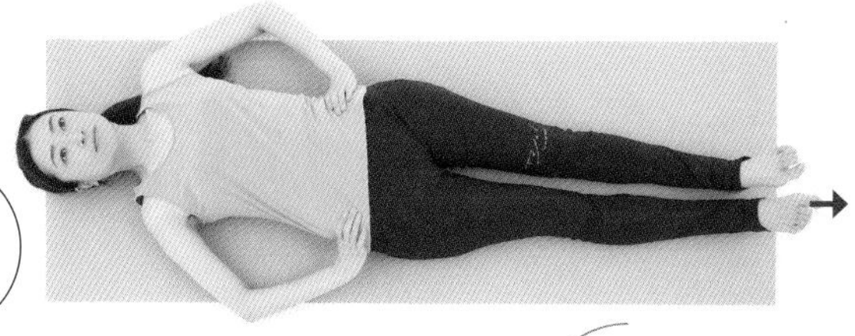

30秒

仰向けのまま両足を揃えて伸ばし、両手は骨盤に当てます。片足ずつかかとを下に向かって突き出し、30秒間くり返します。

骨盤が整うと
血流・代謝・自律神経・
姿勢が改善します！

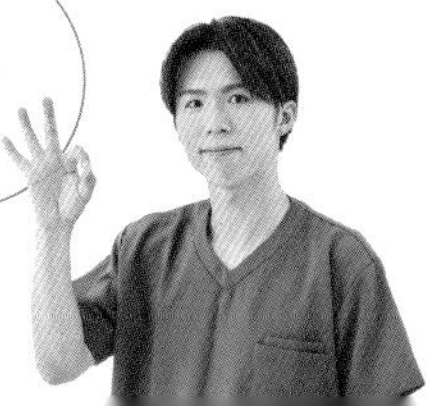

続きは次のページへ！

⑤ ヒザを抱えて胸に寄せる

30秒

仰向けのまま、両手で両ヒザをつかみます。

←

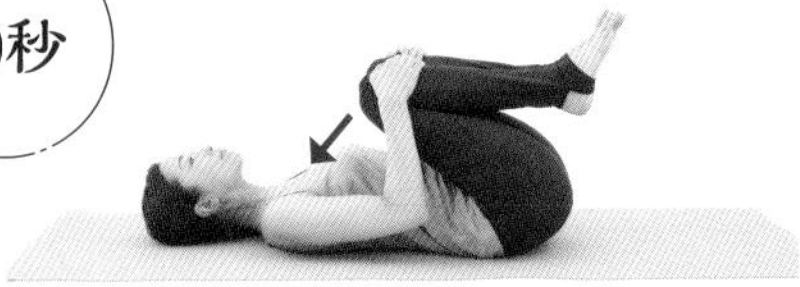

ヒザを胸に寄せて抱えて戻すのを30秒間くり返します。

⑥ 片足ずつ交互に外側に開く

30秒

うつぶせになり、両ヒザを90度に曲げて立てます。90度をキープして片足ずつ交互に外側に開き、30秒間くり返します。慣れたら左右同時に行いましょう。

1分

⑦ 片ヒザを胸に寄せて体を左右に動かす

うつぶせから両ヒジをついて上体を少し上げ、左ヒザを胸に寄せます。このとき、右足のつま先は立てずに伸ばします。

↓

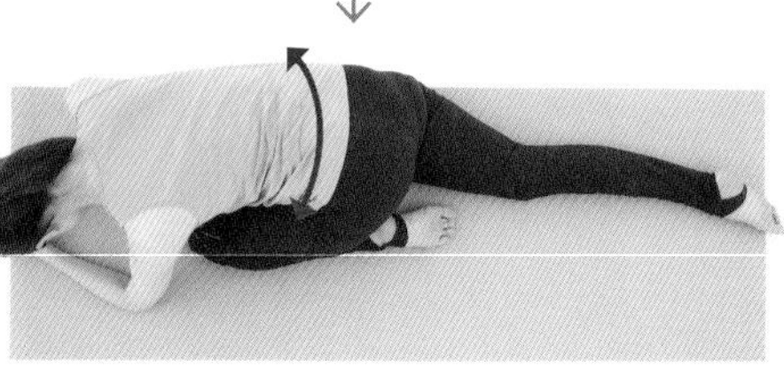

体を左右に30秒間動かします。右ヒザも同様に行います。

Point

上半身を起こしてもOK

両ヒジをつけた姿勢が辛い人は、腕を伸ばして上半身を起こしても構いません。

＼毎朝のメイク前にちょい足し！／

眉毛の高さの左右差解消

眉毛の高さを左右対称に整えるマッサージケア

眉毛の高さの左右差は眉間を寄せるクセにより生まれます。たった1分で筋肉をほぐして左右差を解消できるので、メイク前に行うのがおすすめです。

1日1回
2週間

所要時間
1分

おすすめの
時間帯
朝

始める前にCHECK!!

左右どちらが下がっているか確認

鏡を見て、眉毛の高さに左右差があるかをチェック。今回は、下がっている右の眉毛にアプローチしていきます。

1 眉頭をつまんで持ち上げる

1分

眉頭を親指と人さし指でつまみ、持ち上げるのを1分間くり返します。滑る人はティッシュを挟んで行ってください。

Point

持ち上げているとだんだん上下の動きが大きくなりますが、これは筋肉が緩んでいる証拠です。広がった可動域に合わせて大きく動かしましょう。

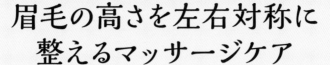

COLUMN 03

顔のゆがみを治すなら普段の姿勢も大切です

ふとした瞬間に足を組んだり猫背になったりと、姿勢を崩していることはありませんか？ ラクに感じるかもしれませんが、日々のクセの積み重ねが顔のゆがみを引き起こしているかもしれません。

例えば猫背は、あごが前に突き出た状態が続くので、背骨がゆがんで左右差が出ることで、顔にゆがみが生じます。また、足と顔については遠すぎて関係ないのでは？ と思うかもしれませんが、足を組むことで骨盤が左右どちらかに傾き、首や肩に悪影響を及ぼすことで、結果的に顔のゆがみに発展してしまうおそれがあるのです。

そこでまず改善してもらいたいのが普段の姿勢です。正しい姿勢をとることで、左右差を今以上に悪化させないようにしましょう。仕事で集中しているときなど、無意識に足を組んでしまうこともあるので注意してください。一度ついてしまったクセは一朝一夕で治るものではありません。しかし、未来の自分の顔をゆがみから守るためにも、普段から自分の姿勢に注意してみてください。

気づかないうちにゆがんでいるかも!?
こんな姿勢に要注意!?

- □ 猫背のままダラダラ歩く
- □ 背中を丸めてパソコン作業をする
- □ つい足を組んで座ってしまう
- □ 本を読むとき机にヒジをついてしまう
- □ 首を下に曲げて
長時間スマホをいじる

ラクな姿勢だからって
健康な姿勢とは限らない

↓

ひとつでも当てはまっていたら体がゆがみ始めているかも

健康な姿勢にChangeして
顔のゆがみへの連鎖を止めよう!

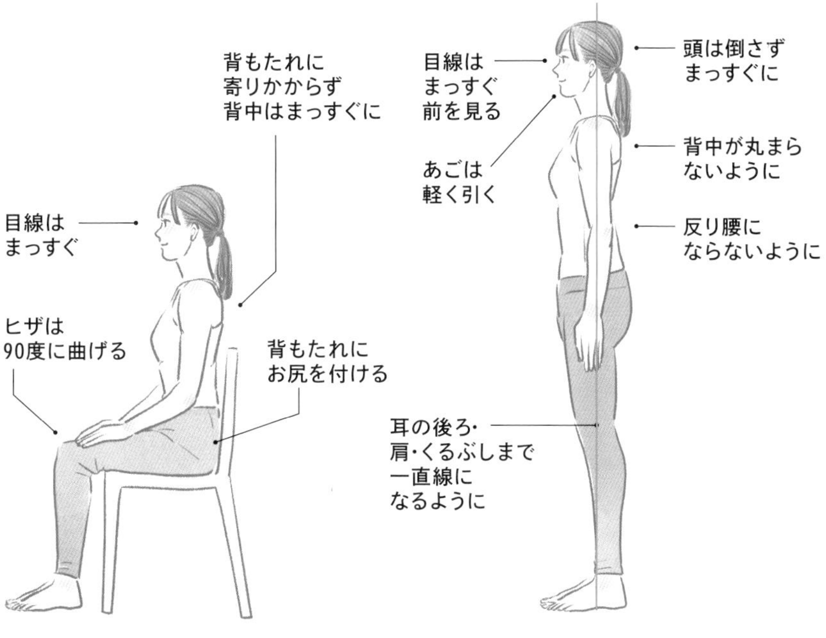
背もたれに
寄りかからず
背中はまっすぐに
目線は
まっすぐ
ヒザは
90度に曲げる
背もたれに
お尻を付ける
目線は
まっすぐ
前を見る
あごは
軽く引く
頭は倒さず
まっすぐに
背中が丸まら
ないように
反り腰に
ならないように
耳の後ろ・
肩・くるぶしまで
一直線に
なるように

第4章

こんな悩みも自分で解消して若返り！

プックリした涙袋が欲しい、青クマをなんとかしたい、美しい黒髪を取り戻したいなど、お顔の悩みはまだまだ尽きません。

第4章では、みなさんに「こんなケアを知りたかった！」と思っていただけるような、美しく若返るためのセルフケアを集めました！

あなたのお悩みを
解消してくれるケアがきっと見つかる！

目元のくすみ・たるみ解消

＼ 摩擦が少ないから肌への心配ナシ！ ／

目元のくすみ・たるみに効く タッピングマッサージ

血流の滞りは目元のくすみ・たるみが進行する原因に。目元の薄い皮膚は擦るとダメージが大きくなるので、今回は軽く叩いて血流を改善していきます。

1 耳の真上に指を押し当て上下に動かす

1分

両耳の真上に、親指以外の指４本を押し当て、上下に動かします。指を少しずつ移動させ、耳の真上～頭頂部までを１分間行いましょう。目元から離れているので、強めにマッサージしても構いません。

耳の真上から頭頂部まで

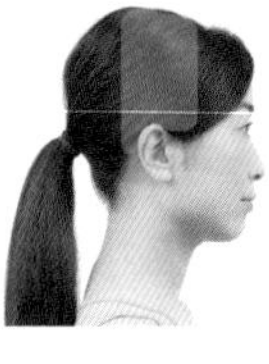

耳の上は血管・リンパが多いので硬さを取ると血流が改善します

1日1回
2週間

所要時間
2分

おすすめの
時間帯
夜

② 目のまわりをタッピングマッサージ

1分

目の下

両手の人さし指・中指・薬指の3本で、左右の目の下を軽く叩きます。

目尻

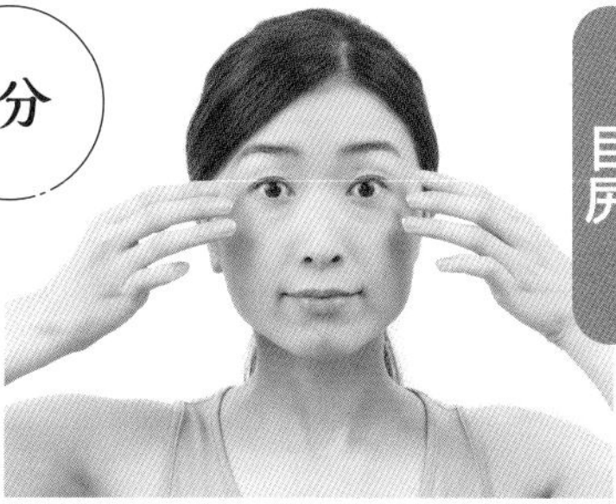

叩きながら指を少しずつ外側に移動させ、目尻を叩きます。

眉毛の上

指を上に移動させ、眉毛の上を叩きます。

眉毛の下

指を下に移動させ、眉毛の下を叩きます。目の下〜眉毛の下を全体で1分間叩きます。

×

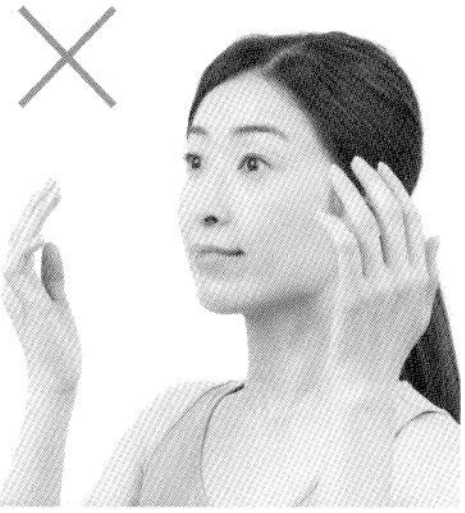

指の
離れすぎはNG

指を離しすぎると力が強くなって刺激が増すので注意してください。

○

指を3〜5㎝
離すのがベスト

叩く場所から3〜5cm離してリズム良く叩くと血流改善に効果があります。

まぶたの
重み解消

\ まぶたのむくみを取って二重幅を定着 /

誰でもパッチリした目になれる二重マッサージ

二重幅のクセは、朝目を開けた瞬間に定着してしまいます。
目が完全に開ききって線が入る前、朝起きてすぐのタイミングで行いましょう。

1 手でこめかみを押さえて動かす

1分

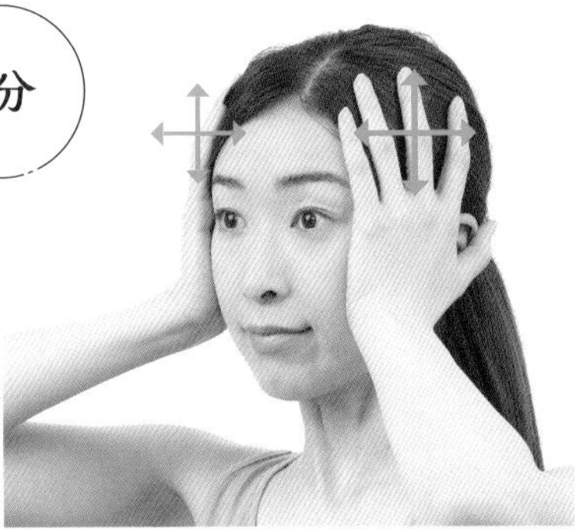

同様に手を当てたまま、上下・前後にも、15秒間ずつ動かします。

両手で左右のこめかみを押さえ、円を描くように前後に15秒間ずつ回します。

2 眉頭〜眉尻をつまむ

30秒

両手の親指と人さし指の腹で眉頭をつまみます。指を少しずつ外側に移動させ、眉頭〜眉尻を30秒間つまみます。滑る場合はティッシュを挟みましょう。

Point
眉まわりにはリンパが集まっています。皮膚の表面をつまむのではなく、奥までしっかりつまんでリンパを刺激しましょう。

1日1回
1ヵ月

所要時間
3分30秒

おすすめの
時間帯
朝

③ 指の腹でまぶたを横に流す

30秒

圧を加えながらこめかみに向かって動かします。目頭→目尻→こめかみの順に動かし、30秒間くり返します。

←

目を閉じ、両手の人さし指・中指・薬指を左右のまぶたに当てます。

④ V字を作るように眉毛をつまみ上げる

30秒

V字を作るように斜め上方向に眉毛を持ち上げ、30秒間小刻みに動かします。

←

両手の親指と人さし指の腹で眉毛をつまみます。

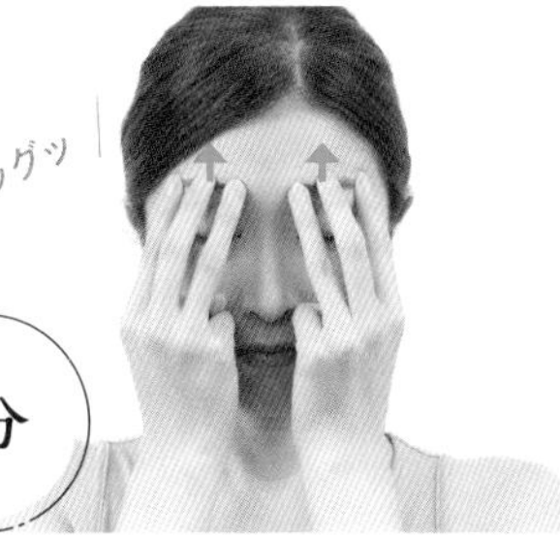

1分

⑤ 前頭筋を押し上げる

両手の人さし指・中指・薬指の3本を左右の眉毛に押し当て、小刻みに動かすように持ち上げます。指を少しずつ上に移動し、眉毛〜生え際までを1分間行います。

＼涙袋にボリュームが欲しい人必見！／

平らな
涙袋解消

プックリ涙袋を作る
眼輪筋トレーニング

加齢により減ってしまった涙袋は眼輪筋を鍛えることで復活します。
プックリした涙袋を作って若々しさを取り戻しましょう！

① 下まぶたを軽く押す

30秒

下まぶたの中央

＼ちょんちょん／

左右の下まぶたの中央に、両手の人さし指と中指を当てます。軽く押して戻すのを10秒間くり返し行います。下まぶたの骨に指が当たるのをイメージしましょう。

←

下まぶたの外側

下まぶたの外側に指を移動させ、同様に10秒間くり返し行います。下まぶたが少し動くくらいの強さで押します。

↓

下まぶたの内側

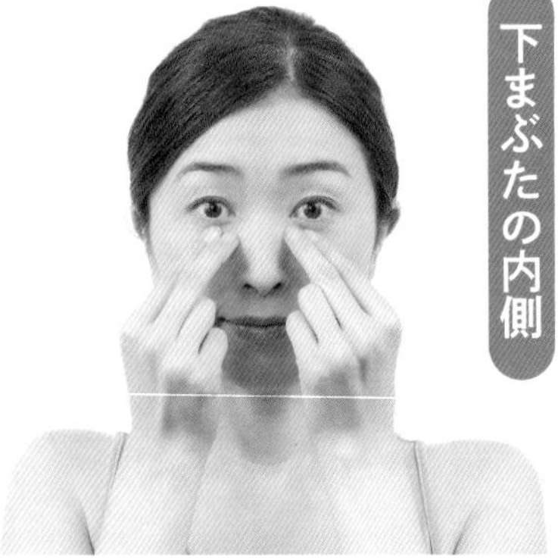

下まぶたの内側に指を移動させ、同様に10秒間くり返し行います。

Point

まぶたの下を軽く押すことで眼輪筋を緩める効果があります。②で眼輪筋を鍛える前に緩めておくことで、トレーニングの効果がよりアップします。

1日2回 2週間

所要時間 2分30秒

おすすめの時間帯 朝・夜

② 小指で下まぶたを押さえて目を細める

左右 各1分

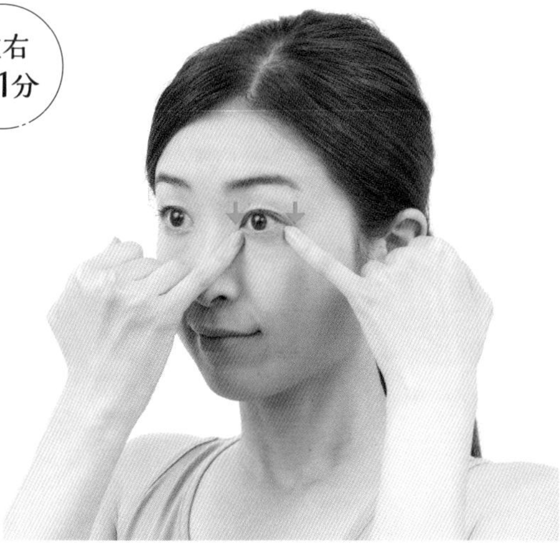

両手の小指を左目の下まぶたの両端に当て、軽く押します。小指で下まぶたを少し下げるイメージで押しましょう。

これはNG　グッと下げすぎる

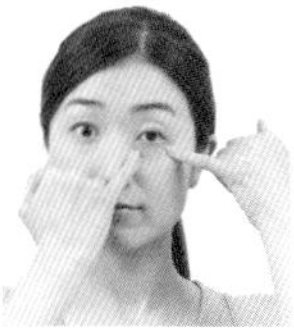

目の形が変わるほど下げないように注意しましょう。

↓

小指で押したまま、下まぶたを持ち上げるように目を細めます。10秒キープして戻すのを1分間くり返しましょう。右目も同様に行います。

即効性バツグンで
1回やっただけでも
プックリ浮き出ます！

＼ 不健康そうな青クマとはさよなら！ ／

クマ解消

頑固な目の下のクマを取るリンパマッサージ

血行不良からくる青クマにとくに効果的なマッサージです！
お風呂上がりなど、血行が良い状態のときに行うとより効果が出ます。

1 目の下〜あごまわりを軽く上下に動かす

1分

両手の人さし指と中指を目の下に軽く押し当て、上下に動かします。指を少しずつ斜め下に移動し、目の下〜あごまわりを1分間動かします。

＼ ハの字に指を移動していく ／

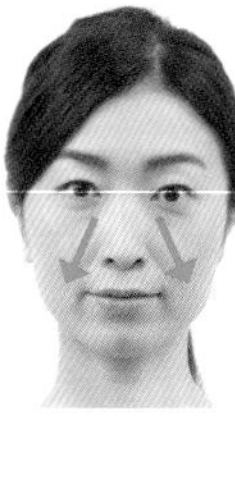

Point

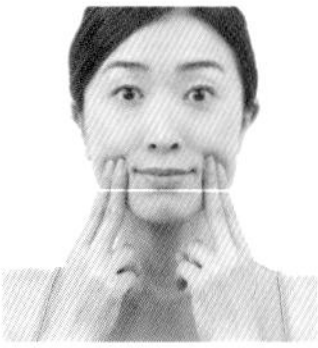

あごまわりもしっかりほぐす

あごまわりはふっくらしているので、指が食い込むくらい強めにマッサージしてOKです。

1日1回
1ヵ月

所要時間
2分

おすすめの
時間帯
夜

② クマにピースを当てて横・縦に動かす

1分

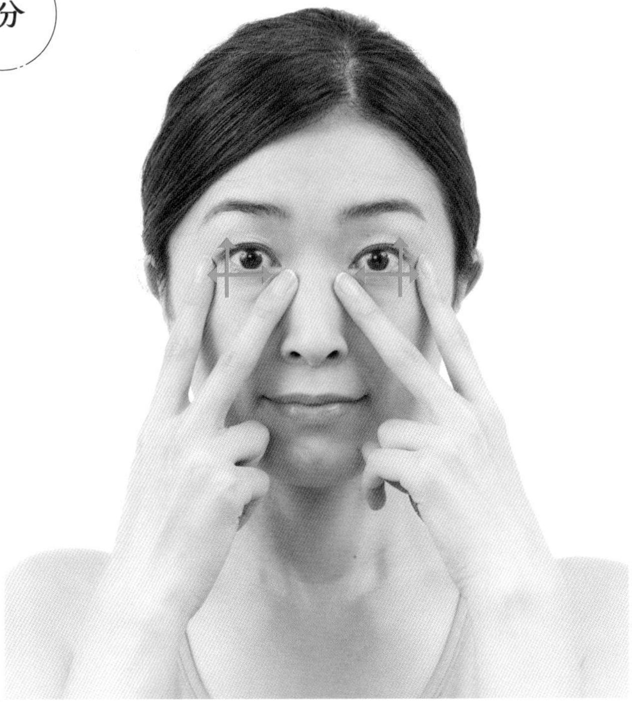

両手でピースを作ってクマに当てます。横・縦に30秒間ずつ動かします。大きく動かすのではなく、細かく動かすように意識しましょう。

スマホの
バイブレーションのように
ブルブル動かします！

＼大きくなった鼻を小さくしたい！／

大きくなった鼻解消

血流・ゆがみ・むくみを改善して鼻を小さくするケア

血流やリンパが滞って鼻がむくむ、骨がゆがむなどの原因により鼻が大きくなることも。以前に比べて鼻が大きくなった……なんて人はぜひ試してみましょう！

1 小鼻と鼻の下を圧迫する

30秒

小鼻の横に人さし指を、鼻の穴の下に中指を当てます。中央に寄せながら30秒間もむように圧迫します。

これはNG　鼻を広げる

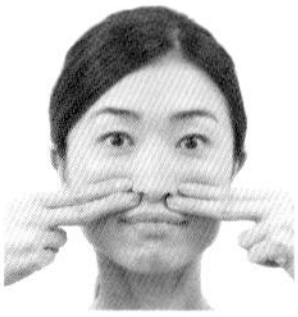

外側に動かすとクセが付くので、横幅を小さくするイメージで中央に寄せてください。

2 小鼻に指を当てて圧迫する

30秒

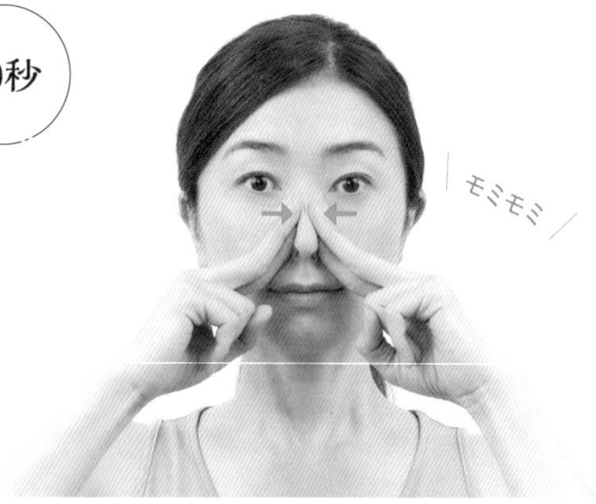

両手の人さし指と中指を小鼻の左右に当て、鼻をかむイメージで圧迫しながら30秒間もみます。

1日1回
2週間

所要時間
2分30秒

おすすめの
時間帯
夜

3 人さし指で鼻のむくみを流す

30秒

両目の間の鼻筋に、両手の人さし指の側面を当てます。

人さし指の側面を鼻から離さないように、鼻先まで滑らせます。

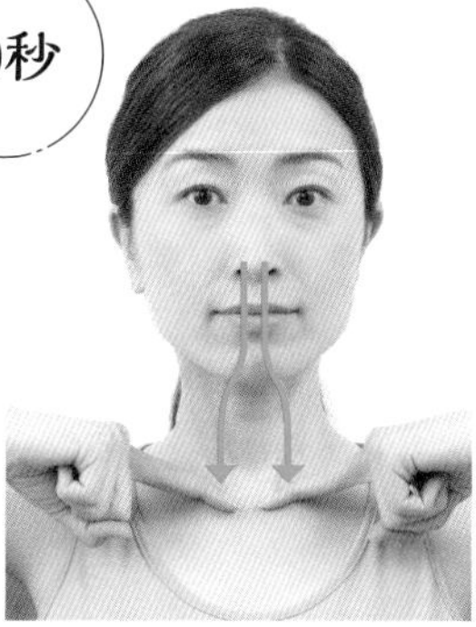

鼻先から唇→あご→首元の順に指を動かします。これを30秒間くり返します。

4 人さし指で鼻骨を圧迫する

30秒

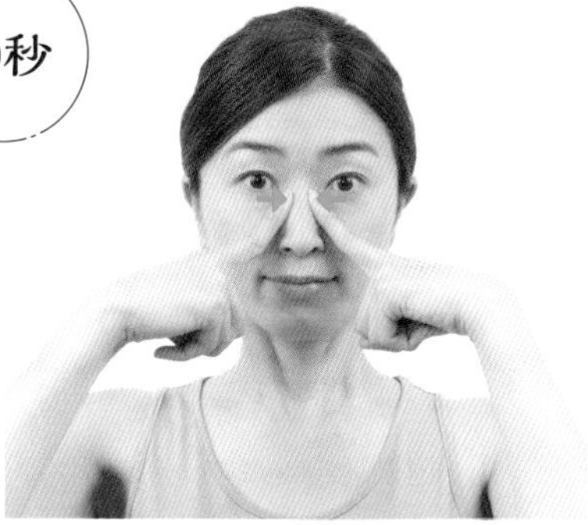

両手の人さし指を鼻骨に当て、5秒圧迫して戻すのを30秒間くり返します。肌が少し赤くなるくらいの強さで圧迫すると良いでしょう。

5 指で鼻の下を圧迫する

30秒

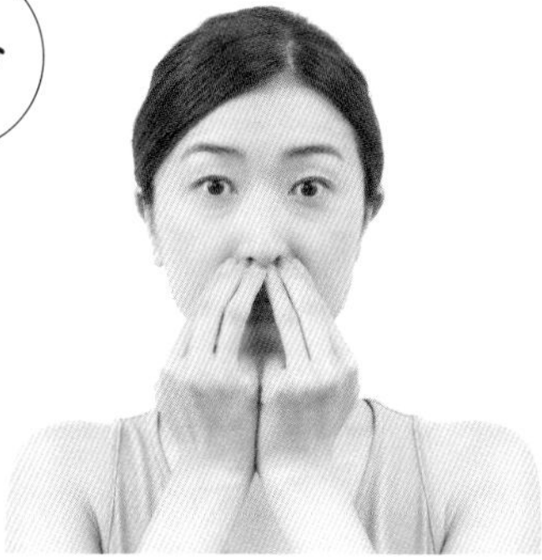

両手の人さし指と中指を鼻の横に当てます。薬指は鼻の穴の下に当てます。奥に押すように30秒間圧迫します。

伸びた人中解消

＼口と鼻の距離を近づける！／

間延びした人中をギュッと短縮させるマッサージ

口まわりの筋肉が衰えると、口と鼻の距離が伸びてのっぺりとした顔立ちに。そこで、筋肉・骨格の両方から人中にアプローチして顔の比率を整えていきます。

1 人中を歯茎に押し付けて口を斜めに上げる

1分

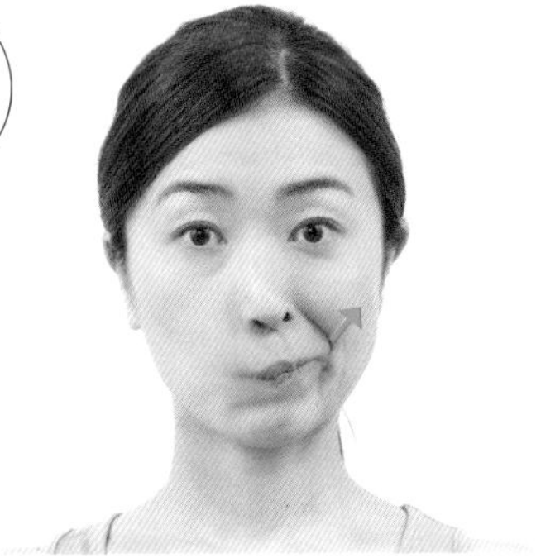

⟷

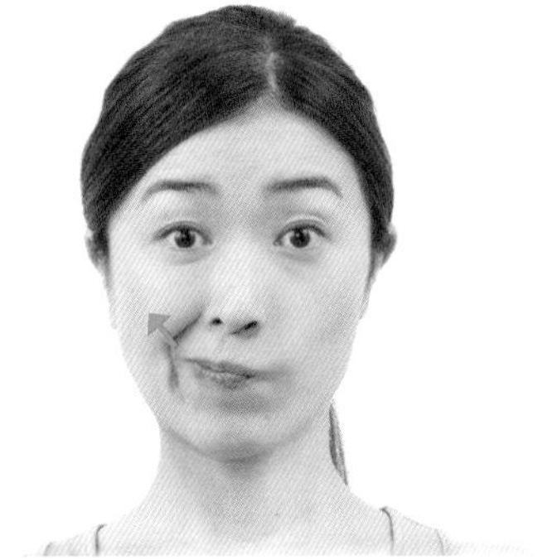

同様に左斜め上に口を上げます。左右交互に1分間くり返します。

口と鼻の間に力を入れ、人中を歯茎に押し付けます。キープしたまま、斜め右上に口を上げます。

2 上唇を持ち上げる

1分

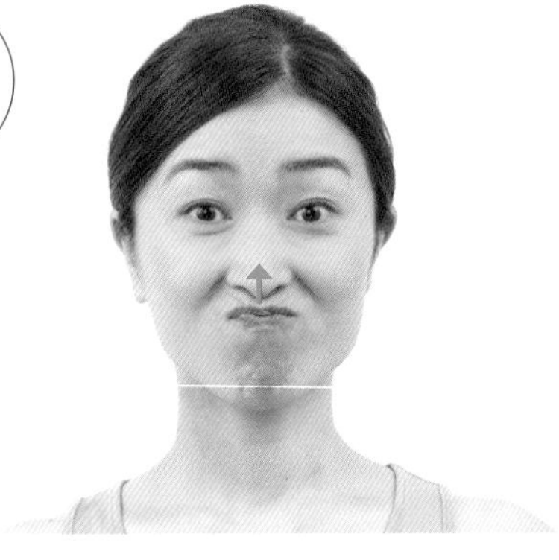

鼻と口の間に逆さハの字のシワが入るように、上唇を持ち上げて戻すのを1分間くり返します。逆さハの字が作れない人は唇を突き出して持ち上げるだけでかまいません。

Point

上唇を持ち上げたときに鼻が横に広がるので、鼻の広がりが気になる人は人さし指で小鼻を押さえながら行うと良いでしょう。

1日1回
2週間

所要時間
4分

おすすめの
時間帯
夜

③ 鼻の穴の下と横を押す

1分

両手の中指を鼻の穴の下に、人さし指を鼻の穴の横に当てます。斜め上に向かって2秒間押して戻すのを1分間くり返します。

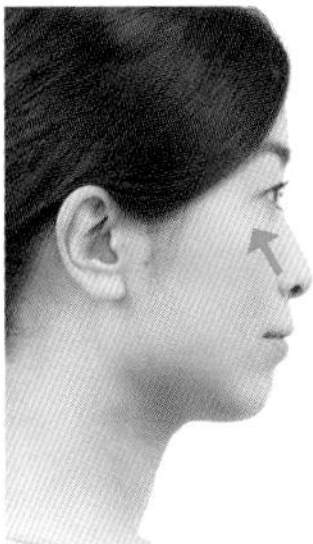

これはNG
痛みが出るほど押すのはNGです。少し赤みが出る程度の強さで軽く押すと良いでしょう。また、左右同じ強さで押すように意識してください。

④ 人さし指で上唇の上を流す

左右
各30秒

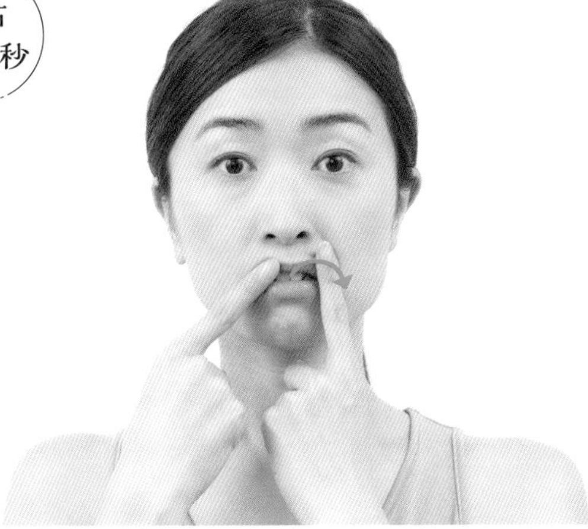

右手の人さし指で上唇の右側を押さえます。左手の人さし指で上唇の中心から左に向かって持ち上げるように動かし、30秒間くり返します。右も同様に行います。

唇をめくり上げるイメージで
マッサージしましょう！

＼超キツイけど超効果あります！／

二重あご解消

プヨプヨ二重あごをゴッソリ消す舌トレーニング

首の筋肉が硬いと、あご下の筋肉が十分に動かず二重あごの原因に。
そのため、舌トレーニングをする前に首をしっかり緩めることが大切です。

1 鎖骨の上を押しながら首を横に倒す

左右各30秒

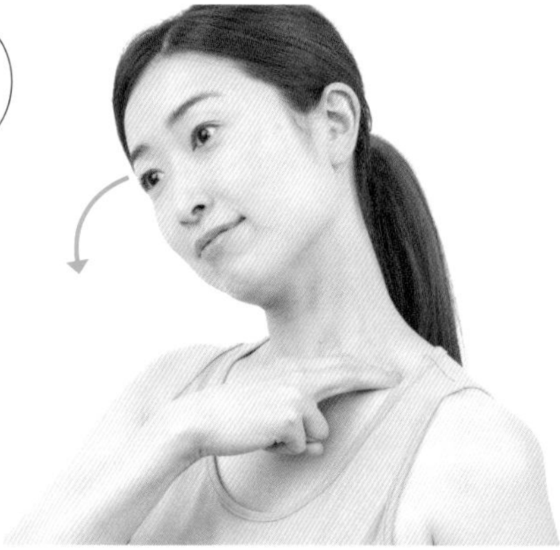

右手の人さし指と中指で左の鎖骨の上を押し、首を右に倒します。押す位置を少しずつ変えながら30秒間くり返します。右の鎖骨も同様に行います。

Point
首を倒したとき、横がしっかり伸びているかを意識しましょう。指で押す位置により伸びる位置も変わるので、押す位置をズラしながら首の横全体を伸ばしてください。

2 胸を押さえながら首を横に倒す

左右各30秒

両手で胸の前を押さえ、首を上げます。首の前が伸びるのを意識しましょう。

←

首を上げたまま右に倒し、さらにあごを上に向けて30秒間キープします。左側も同様に行います。

1日1回
1週間

所要時間
5分

おすすめの
時間帯
夜

3 口の中で舌をグルグル回す

1分

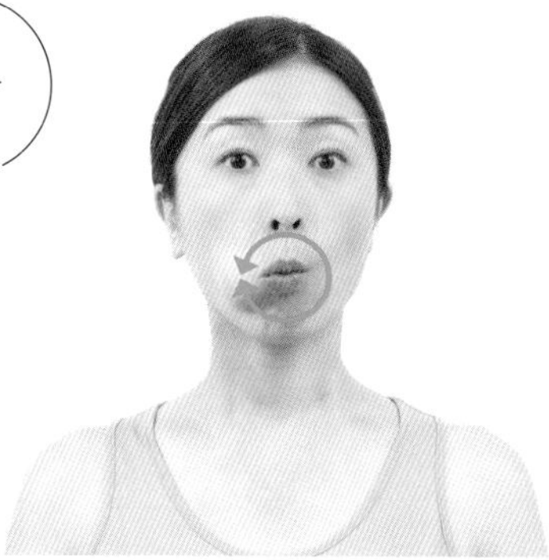

口の中で舌を時計回りに30秒間回します。円を描くように大きく回しましょう。反時計回りにも同様に30秒間行います。

4 ③の2倍速で舌をグルグル回す

1分

③の2倍の速さで、舌を時計回り・反時計回りに30秒間ずつ回します。舌が下にくるときは多少口が開いてもかまいません。

5 胸を押さえながら舌を上に伸ばす

1分

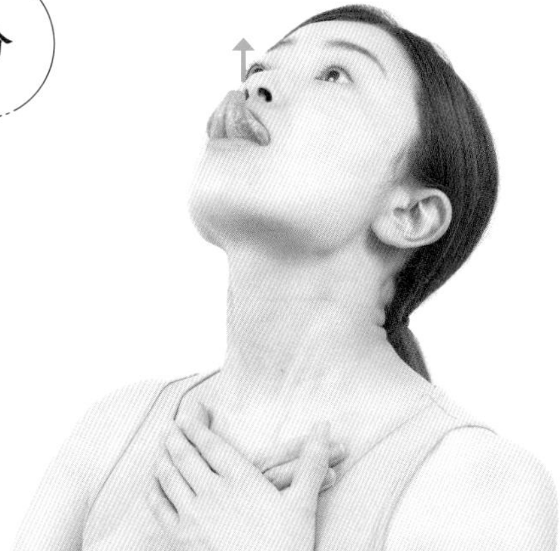

両手で胸の前を押さえて首を上げ、舌を上に伸ばします。舌を上に伸ばして戻すのを首を上げたまま1分間くり返します。

舌で鼻先を
触るイメージで
グーッと伸ばしましょう！

白髪解消

\ 血流改善で黒髪が復活! /

白髪をなくして自律神経も整えるヘッドマッサージ

白髪は血行不良やストレスにより増加します。頭と首まわりをほぐし、血行・自律神経を整えて黒髪を取り戻しましょう。

1 指で肩を押しながら首を横に倒す

これはNG

肩が上がりすぎている

肩が上がると筋肉をほぐす効果が減るので、指先でしっかり肩を押さえましょう。

左右各30秒

椅子に座り、左手で椅子のフチをつかみます。

右手の指で左肩を押しながら首を右に倒し、30秒間くり返します。反対も同様に行います。

2 指で耳の下～鎖骨をグリグリ押す

30秒

両手の人さし指と中指を耳の下に当て、揉むように押します。指を少しずつ下に移動させ、耳の下～鎖骨までを30秒間ほぐします。

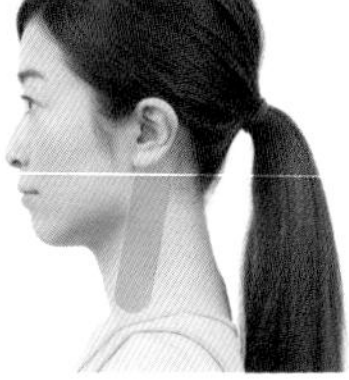

鎖骨までしっかり刺激

1日1回
1ヵ月

所要時間
5分30秒

おすすめの
時間帯
夜

③ 手のひら全体で顔と頭を回す

前後
各30秒

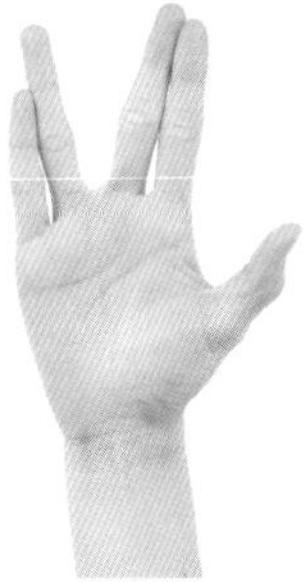

中指と薬指の間をあけて、両手でV字を作ります。

V字の部分を耳に当てて手のひら全体で顔と頭を包み、前後に30秒間ずつ回します。

④ 耳の前に拳を当てて押し上げる

1分

両手の拳を左右の耳の前に押し当て、小刻みに動かすように持ち上げます。拳を少しずつ上に移動させ、耳の前〜頭頂部までを1分間行います。

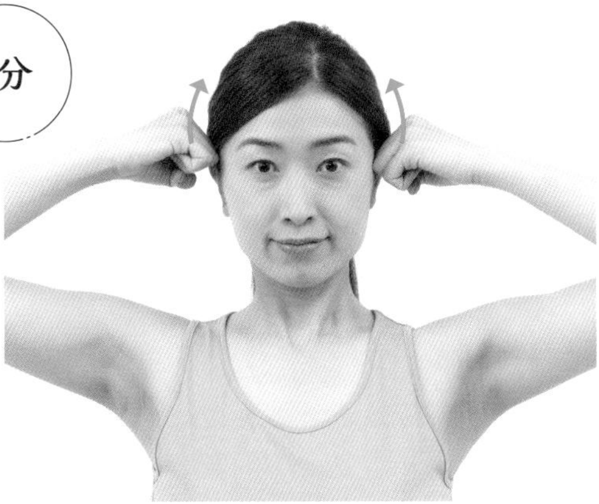

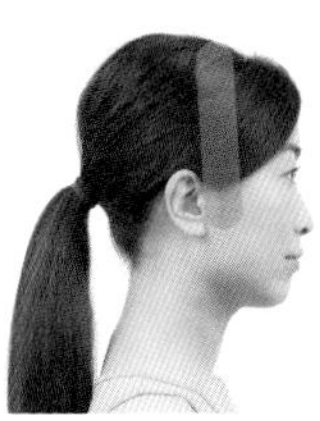

続きは次のページへ！

⑤ 頭頂部〜後頭部をグリグリ刺激する

1分

④で頭頂部まで行ったら、少しずつ拳を後ろに移動させ、頭頂部〜後頭部までを1分間前後に動かします。

Point
襟足まで
しっかり押す

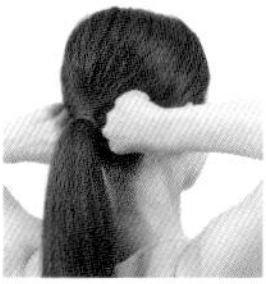

後頭部全体の血行が良くなるよう、襟足までしっかり刺激しましょう。

⑥ 両手で頭を包み左右交互に動かす

1分

頭をつかんだまま、右手は前に、左手は後ろに動かします。

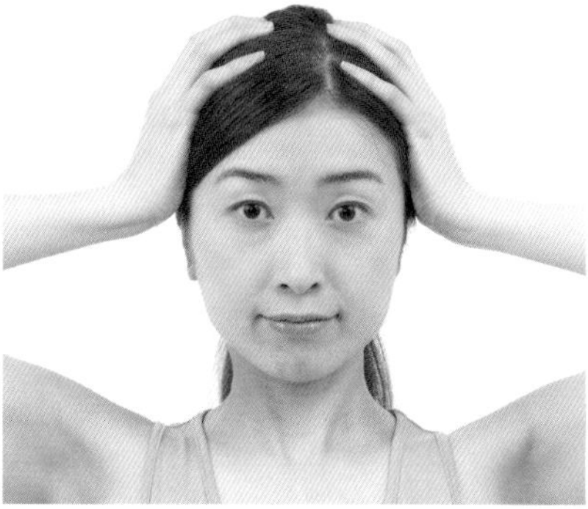

頭を包み込むように、両手のひら全体で頭をつかみます。

前後を入れ替えます。右手は後ろに、左手は前に動かしましょう。1分間くり返します。

リラックス効果があるので夜寝る前に行うのがおすすめです

頬コケ解消

＼頬がコケると老けて見える……／

ふっくらほっぺを作る 美容整体式セルフケア

筋膜のコリを口の中から直接ほぐすことで、頬コケが解消されて立体的な頬が手に入ります。手袋を用意するか、よく手を洗ってから行いましょう。

1日1回 2週間

所要時間 2分

おすすめの時間帯 夜

1 口の中に指を入れて頬をつまんで回す

左右各1分

手袋をはめた右手の親指を口の中に入れ、左頬のコケが気になる部分をつまみます。頬をひらいて空気を入れるように、外側に向かって40秒間回します。

つまむ位置を少し上に移動させ、20秒間回します。右頬も同様に行います。

1回行っただけでも
頬がふっくらして
ハリ感が出ます！

＼埋もれた鎖骨をくっきり出したい！／

埋もれた
鎖骨解消

デコルテ痩せして キレイに鎖骨を出すストレッチ

鎖骨が硬いとリンパの流れが悪くなり、むくみや脂肪の付着を招きます。筋肉をほぐせばリンパの流れも改善するので、徹底的に鎖骨を動かします。

1 鎖骨の下を押しながら腕を回す

左右
各1分

左手の人さし指と中指で右の鎖骨の下を押し、1分間右腕を回します。押す位置を少しずつ移動させ、鎖骨の内側→外側に向かって押す位置を変えるときは腕を後ろに回します。外側→内側に向かって押す位置を変えるときは前に回しましょう。反対も同様に行います。

＼押す位置を移動して
鎖骨の下全体を刺激する／

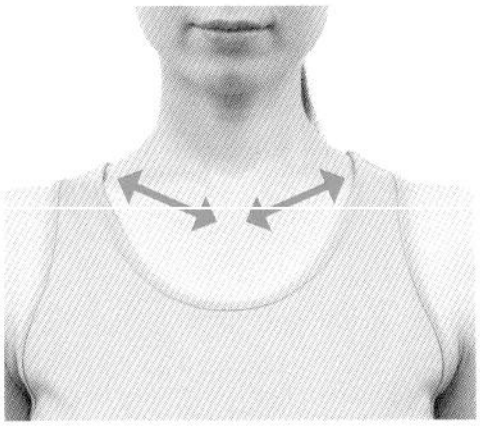

Point

鎖骨を押さえるときは、ただ押さえるのではなく、少し下げるイメージで押さえるようにすると、より鎖骨を刺激できます。

1日1回
2週間

所要時間
4分

おすすめの
時間帯
夜

②　鎖骨の上を押さえて首を横に倒す

左右
各1分

左手の人さし指と中指で右の鎖骨の上を押さえ、首を左に倒します。押す位置を変えながら1分間くり返します。反対も同様に行います。

鎖骨の上
4ヵ所を押す

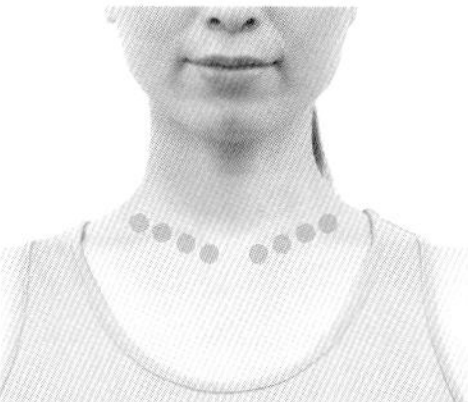

鎖骨の内側に指を
グッと入れ込むイメージで
押しましょう

外出時などいつでもどこでもこっそりできる！

むくみ解消

顔を触らずにむくみを取る簡単マッサージ

スマホを見ながらでも、電車などの移動中でもOKな簡単マッサージです。
顔を大きく動かすマッサージではないのでメイクが崩れる心配もありません！

1 鎖骨の上を指2本で押す

左右
各30秒

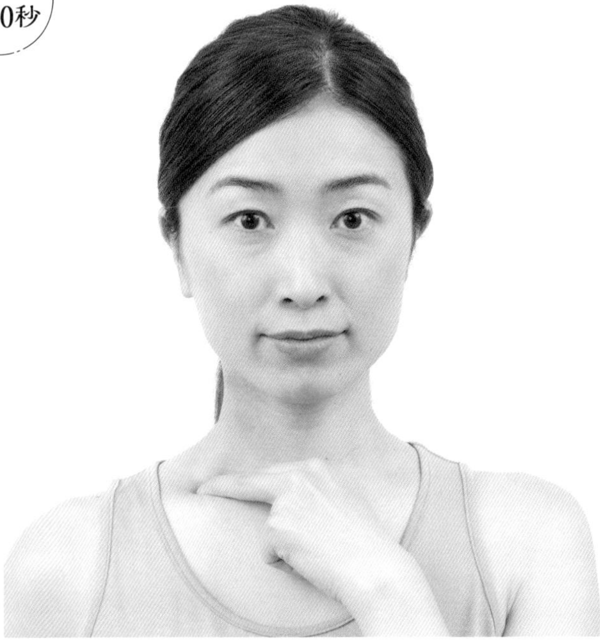

鎖骨の上
全体を押す

右の鎖骨の上に左手の人さし指と中指を当て、揉むように押します。指の位置を少しずつ移動させ、鎖骨の上全体を30秒間押しましょう。左の鎖骨も同様に行います。

顔がむくんだと感じたときにすぐできます！

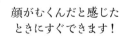

1日1回
2週間

所要時間
2分30秒

隙間時間に
おすすめ

2 円を描くように首をマッサージする

左右
各30秒

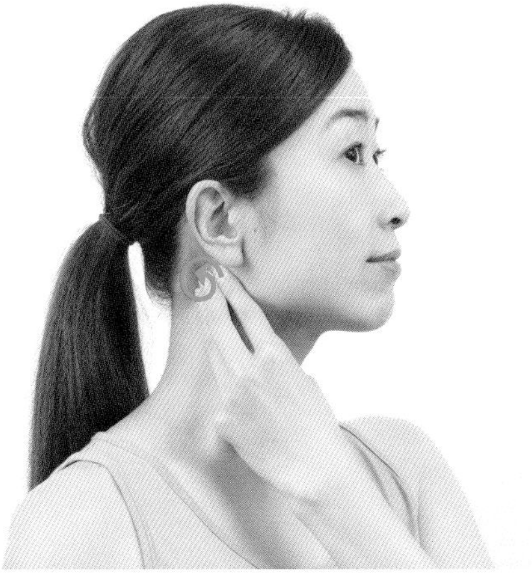

右耳の真下に左手の人さし指・中指・薬指の3本の指の腹を押し当て、円を描くように動かします。指を少しずつ下に移動し、耳の真下〜首の根元までを30秒間マッサージしましょう。左も同様に行います。

Point　首の根元までしっかり

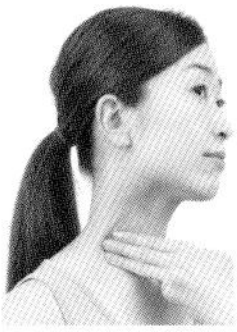

首の根元にはリンパが集まっているので、しっかりほぐして老廃物を流しましょう。

3 指で耳を囲みグルグル回す

前後
各15秒

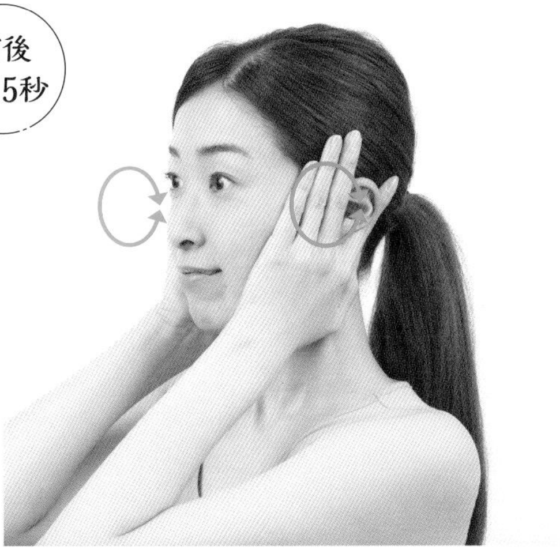

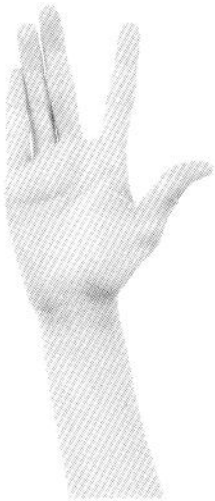

人さし指と中指の間を開け、Ｖ字を作ります。

Ｖ字の部分で耳を挟むように当てます。両手のひら全体を使って耳のまわりを押さえ、前後に15秒間ずつ回します。

第5章

YouTube未公開！本書限定コンテンツ

若返りのための毎日ルーティンケア

第5章では、YouTubeで公開していない、本書オリジナルの若返りルーティンケアをご紹介します！

朝・夜それぞれ続けることで、シワやたるみなどの老け見え解消はもちろん、化粧ノリアップや睡眠の質改善などうれしい効果をゲットできます！ それぞれ5分程度で完了するので、ぜひ毎日のルーティンに加えてみてください。

朝メイクをする前、夜おやすみ前の
ケアで今よりもっと美しくなる

morning

忙しい朝もたったの5分で晴れやかに1日をスタート！

朝のルーティンケア

1日良い状態でいるための土台作り

朝起きて「さあ1日をスタートだ！」と思っても、むくんでいたり顔色がくすんでいたりすると気分が沈んでしまいます。

そこで行ってもらいたいのが朝のルーティンケア。睡眠中は老廃物が溜まりやすく顔がむくんでしまうので、まずは老廃物を流してスッキリした状態を作りましょう。血色を整えてくすみを解消する効果もあります。土台を整えた後にシワやたるみに効くストレッチなどを行えば、若返りながら1日を気持ち良くスタートできます！

所要時間
5分20秒

朝ルーティン3つのPoint

1
むくみを取って顔まわりスッキリ

睡眠中に溜まった老廃物を流し、むくみを解消することで顔まわりをスッキリさせる効果があります。

2
血流改善で顔色が良くなる

マッサージでリンパを刺激することで血液の流れが改善し、イキイキとした血色の良い顔になります。

3
朝イチで行えばメイクノリアップ

朝メイクをする前にマッサージをすることで、肌にハリやツヤが生まれ、メイクのノリが良くなります。

スッキリとした状態で
1日をスタート！

① 老廃物を流す斜角筋マッサージ

40秒

両手の人さし指と中指で鎖骨の内側を押しながら、首を左右交互に倒します。押す位置を変えながら、40秒間くり返しましょう。

② 筋肉の癒着をはがす胸鎖乳突筋マッサージ

左右
各40秒

左手の親指・人さし指・中指で、右の胸鎖乳突筋をつまみます。つまんだ状態で、首を左に倒して戻すのを20秒間くり返します。倒すときに胸鎖乳突筋が動かないようにしっかりつまんでください。

↓

左手の親指・人さし指・中指で、右の胸鎖乳突筋をつまみます。顔を左に向け、正面に戻すのを20秒間くり返します。左も同様に行いましょう。

③ たるみ・ほうれい線を解消する！ 舌トレーニング

40秒

首を後ろに倒しながら舌を真上に伸ばします。首を倒しながら舌を伸ばして、首と舌を正面に戻すのを40秒間くり返します。

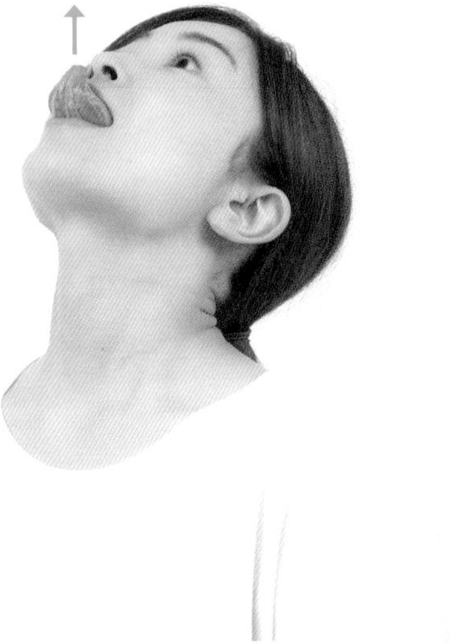

④ ほうれい線・二重あご解消！ 舌トレーニング

左右
各40秒

口の中から舌でほうれい線を押すように、上下に40秒間動かします。鏡で見たときに押した部分がポコッと出ていればOKです。左も同様に行います。

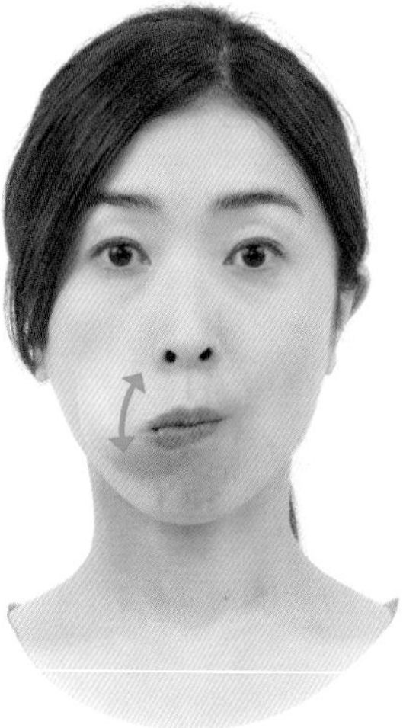

5 顔を持ち上げるほうれい線解消顔トレ

20秒

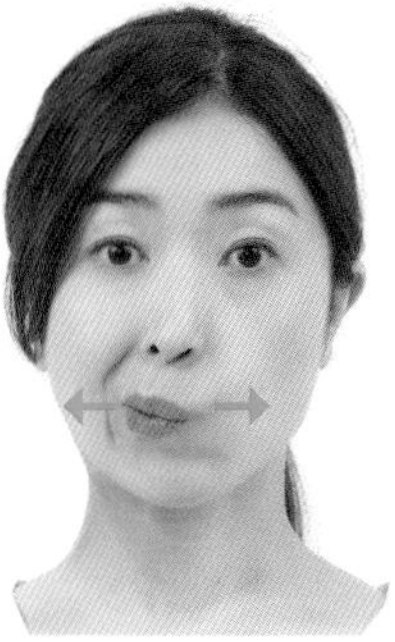

口を前に突き出し、キープしたまま口を左右交互に20秒間動かします。できるだけ大きく動かしましょう。

←

20秒

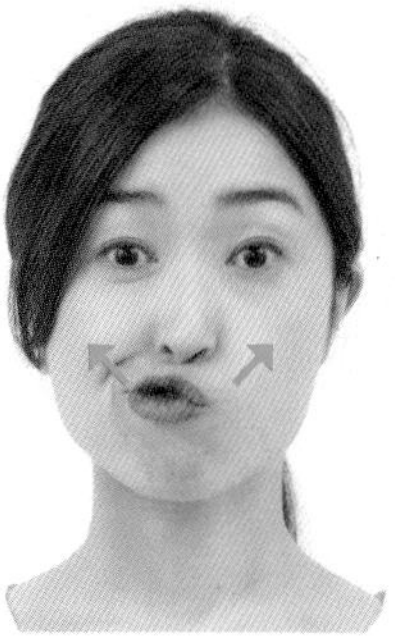

同様に斜め上にも動かします。左右交互に20秒間行いましょう。目はしっかり見開いてください。

6 フェイスラインを上げる首ストレッチ

右手をあごの左下に当てて首を右に倒し、斜め上を向きます。

←

左右
各20秒

ゆらゆら

左手は右手のすぐ上のフェイスラインに当て持ち上げるようにします。そのまま、軽く左右に揺らします。持ち上げて揺らすのを20秒間行いましょう。同様に反対も行います。

Point

単純に首を倒して皮膚を上げるのではなく、あごの下から首の筋肉が伸びるようにするのが大切。しっかり上に向かって持ち上げて。

顔の筋膜を
しっかり
持ち上げましょう！

night

夜のルーティンケア

1日溜まったコリは夜のうちに解消して次の日に持ち込まない！

所要時間
4分40秒

溜まった1日の疲れを解消してくれる

1日働いた体は、自分の想像以上に疲弊しているもの。とくに、顔まわりはデスクワークなどによりコリが溜まりやすく、解消せずに眠ると、ほうれい線やたるみなどの老け見えを招きます。

そこでおすすめなのが夜のルーティンケア。老け見え改善はもちろん、睡眠の質を高めるうれしい効果も。1日頑張った自分へのご褒美として毎晩続けてみてはいかがでしょうか。

夜ルーティン3つのPoint

1
睡眠の質改善に繋がる

滞った血流を改善することでリラックス効果が生まれ、睡眠の質改善が期待できます。ぐっすり眠って1日の疲労をリセットしましょう。

2
1日のコリをリセット

日中のデスクワークなどにより表情筋はコリ固まってしまいます。夜のルーティンケアで筋肉をほぐしてコリの蓄積を防ぎましょう。

3
お風呂上がりに行って効果アップ

お風呂上がりは筋肉の緊張が和らいで血流が良くなっているので、マッサージによる効果が得られやすい状態です。

1日の疲れを
リフレッシュして
ぐっすり眠ろう

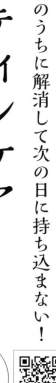

1 血流を改善する！ 筋膜ストレッチ

40秒

両手の中指と薬指で耳を挟み、手のひらで頭と顔を包むようにします。そのまま、40秒間回します。動かしやすい方向に回してかまいません。

Point

筋膜が集まる耳のまわりは血流が滞りやすいので、手のひら全体を頭・顔にしっかり付けて回すように意識しましょう。

2 たるみを改善する！ 耳回しストレッチ

前後
各20秒

両手で両耳をつまみ、前後に20秒間ずつ回します。

これはNG

手首だけを使って耳を回すのはNG。肩全体を使って回すと耳のまわりをより緩めることができます。

3 リフトアップ効果バツグン！ 側頭部上げマッサージ

40秒

両拳を両耳の上に当てて、小刻みに動かすように持ち上げます。拳を側頭部と頭頂部に移動させ、それぞれ同様に持ち上げましょう。全体を40秒かけて行います。

耳の前～頭頂部の間の3カ所

④ 睡眠の質改善！ 後頭部持ち上げマッサージ

40秒

両拳を両耳の後ろに当て、小刻みに動かすように20秒間持ち上げます。拳の位置を耳の下に移動させ、同様に20秒間行います。

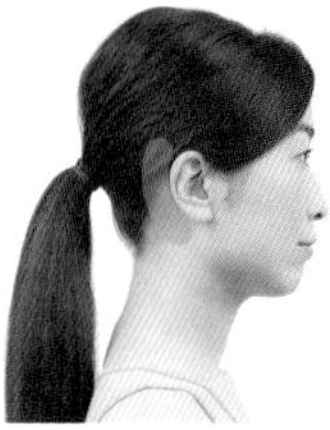

耳の下も刺激する

⑤ 目元を引き上げる頭皮持ち上げマッサージ

40秒

両手で、左右から髪をかき上げるように、頭皮を頭頂部に向かって持ち上げます。この状態で、10秒キープして戻すのを40秒間くり返します。

↓

Point

両手の指を絡める

頭頂部で両手の指を絡めると、頭皮を引き上げた状態でキープしやすくなります。

⑥ おでこの筋膜を引き上げる頭皮持ち上げマッサージ

40秒

両手で、前髪の生え際から髪をかき上げるように頭頂部に向かって頭皮を持ち上げます。このとき、指先が後頭部あたりにくると良いです。この状態で、10秒キープして戻すのを40秒間くり返します。目は閉じずに開いて行うようにします。

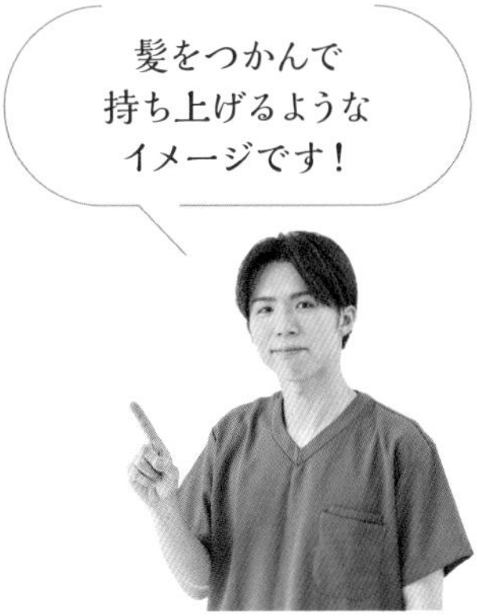
髪をつかんで
持ち上げるような
イメージです！

⑦ フェイスラインを引き締める頬上げマッサージ

40秒

机に両ヒジをつき、手のひらの付け根を頬の下に当てます。下を向いて、頬の下から持ち上げて戻すのを40秒間くり返します。

うれしい声がいっぱい！

体験レポート

本書で掲載したうちやま先生。の美容整体術はYouTubeでも公開中！ 実際に動画を見てセルフケアを実践した方々からのコメントをご紹介します。

自分でマッサージしても
取れなかったシワが
ほとんど目立たなく
なっていました！

1回目でとても効果を
実感したので
これを続けます

毎朝の
ルーティンに
します！

スッキリして
気持ち良いです！
リラックス効果も
感じました

肌がじんわり
温かくなって、
お化粧ノリも
良くなりました

分かりやすいうえに
効果も出て
最高です！

リフトアップ効果が
実感できて、
鏡で自分の顔を見るのが
久々に楽しくなりました！

こんなに
即効性があると
やる気が出ます！

まわりから
顔が小さくなったと
言ってもらえました

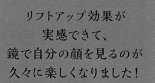

短くて簡単で
効果があるなんて最高です！
三日坊主な私でも
これなら続けられます〜

いろんなリフトアップ動画を
試しましたが、
この動画が一番スッキリ感が
ありました！

たるみが
半減して驚きました

顔の悩みを解消した
美容整体

朝マッサージしたら、
1日中パッチリ目が
開いて一重に
戻りませんでした！

半信半疑で試してみたら、
終わった後に鏡を見て
顔がシュッとしていて
ビックリしました

動画を実践するのが日課です。
少しずつゆがみやたるみが
なくなっているので、
これからも続けます！

どの動画も
効果がすごくあって
助かっています

本当にゴルゴ線が
なくなりました〜！
すごいです！

わかりやすくて
実践しやすくて、
今までいろいろと試した中で
うちやま先生。の方法が
一番合っていました！

うちやま先生。の動画の
おかげでコンプレックスが
解消できて、
とてもハッピーです！

フェイスケアについてのQ＆A

マッサージのやり方を知っても、わからないことがまだまだあるはず。ここでは、フェイスケアについてよく寄せられる疑問にお答えします！

Q1 必要な道具はありますか？

A 必要な道具はとくにありません。自分で力の調節ができる手で行いましょう。また、滑りやすいならティッシュ、口の中に直接手を入れるケアなら手袋などがあると便利です。

Q2 強い力のほうが効果が出ますか？

A マッサージする力を強くしても効果は出ません。あまりに力が強すぎると逆に悪化してしまうことがあるため、力の入れすぎには注意してください。

Q3 同じマッサージを1日に何度もして良いですか？

A 効果があるマッサージだからといってもやりすぎは良くありません。それぞれのマッサージに記載してある、１日に行う回数を守って行ってください。

Q4 同じ部位のケアを組み合わせて良いですか？

A Q3と同様に、ひとつひとつのマッサージに効果があるとしても触りすぎは良くありません。同じ部位のマッサージを組み合わせたい場合は、多くても１日３回までにしてください。

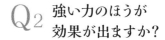

Q5 期間が終わったらもうやらなくて良いですか？

A 日頃のクセなどにより顔が戻ってしまう場合があるので、マッサージの期間が終わった後も頻度を落としながら定期的に行うと良いでしょう。

Q6 効果がより出るタイミングはありますか？

A お風呂上がりなどは血行が良く効果が出やすいことがありますが、タイミングよりも毎日継続することが一番効果的です。行う時間を決めてルーティンに組み込むと良いでしょう。

Q7 エイジングケアに効果的な食べ物はありますか？

A 大豆イソフラボンを豊富に含む大豆食品やコラーゲンを含む豚肉や鶏肉、ビタミンEを含むナッツ類がおすすめです。逆にジュースや揚げ物は控えたほうが良いでしょう。

Q8 ニキビがあるときのケアはダメですか？

A 無理にマッサージを行ってニキビを刺激すると悪化してしまうことがあります。ニキビなどで肌が炎症を起こしている場合は症状が治まるまで触るのは控えましょう。

Q9 マッサージでシワが悪化しないか心配です。

A たるみやシワが悪化する原因には、力の入れすぎが考えられます。適度な強さなら悪化する心配はないので、各マッサージに記載している力の強さを参考に行いましょう。

Q10 生まれつきの悩みにも効果はありますか？

A あります。生まれつきの場合は、部位のみだと効果が出にくいことがあるので、目が気になるなら側頭部のマッサージを加えるなど、周囲のケアも並行すると効果が出やすいです。

恵比寿整体院プラスフィール

内山友吾（うちやま先生。）

『恵比寿整体院プラスフィール』『カラダと顔の歪み改善ラボ 美容整体プラスフィール』2店舗を経営。顔や体にコンプレックスを持つ人の悩みを解消させ〝より良い人生にしてもらいたい〟という強い思いから整体師への技術指導やセミナー講師などを務め、美容整体のフランチャイズ展開活動も行う。チャンネル登録者数60万人を超えるYouTubeチャンネル『美容整体のうちやま先生。』では、ほうれい線や顔のたるみを消す簡単セルフマッサージなどを多数配信中。

美容整体のプロが教える

『一瞬で若返る』
魔法のセルフマッサージ

2023年1月31日　初版第1刷発行

著　者　内山友吾
発行者　角竹輝紀

発行所　株式会社マイナビ出版
〒101-0003
東京都千代田区一ツ橋2-6-3
一ツ橋ビル2F
0480-38-6872（注文専用ダイヤル）
03-3556-2731（販売部）
03-3556-2735（編集部）
URL：https://book.mynavi.jp

印刷・製本 中央精版印刷株式会社

Staff

カバー・本文デザイン　中村たまを
編集制作　バブーン株式会社（千葉琴莉、古里文香）
撮影　fort（石原麻里絵）
モデル　木谷有里（オスカープロモーション）
ヘアメイク　かつお（KOKOSCHKA）
イラスト　HaluS
衣装協力　tejas
写真協力　PIXTA

ISBN978-4-8399-8221-8
Printed in Japan